“百千万工程”广东实践

县域卷

谭海清　主编

SPM 南方传媒
广东人民出版社
·广州·

图书在版编目（CIP）数据

“百千万工程”广东实践．县域卷 / 谭海清主编．
广州：广东人民出版社，2024. 12. -- ISBN 978-7-218-18295-7

Ⅰ. F299.276.5

中国国家版本馆 CIP 数据核字第 2024PJ0201 号

"BAI-QIAN-WAN GONGCHENG" GUANGDONG SHIJIAN · XIANYU JUAN

“百千万工程”广东实践 · 县域卷

谭海清 主编

出 版 人：肖风华

出版统筹：卢雪华
责任编辑：李巧云 李鲁新
装帧设计：宋艳华
责任技编：吴彦斌

出版发行：广东人民出版社
地 址：广州市越秀区大沙头四马路 10 号（邮政编码：510199）
电 话：（020）85716809（总编室）
传 真：（020）83289585
网 址：http://www.gdpph.com
印 刷：广州晶贵印刷有限公司
开 本：787mm×1092mm 1/16
印 张：18.75 字 数：312 千
版 次：2024 年 12 月第 1 版
印 次：2024 年 12 月第 1 次印刷
定 价：80.00 元

如发现印装质量问题，影响阅读，请与出版社（020-85716849）联系调换。
售书热线：020-87716172

“百千万工程”广东实践

县域卷

目　录

县域篇

序一

党的十八大以来，习近平总书记多次到广东考察。2023年4月，总书记在考察广东时强调，广东是改革开放的排头兵、先行地、实验区，在中国式现代化建设的大局中地位重要、作用突出；要锚定强国建设、民族复兴目标，围绕高质量发展这个首要任务和构建新发展格局这个战略任务，在全面深化改革、扩大高水平对外开放、提升科技自立自强能力、建设现代化产业体系、促进城乡区域协调发展等方面继续走在全国前列，在推进中国式现代化建设中走在前列。

广东实现高质量发展的突出短板在县、薄弱环节在镇、最艰巨最繁重的任务在农村，特别是县域经济总量较小、增长较慢、总体发展水平较低，县镇村内生动力不足，一体化发展政策体系不健全，资源要素从乡村向城市净流出的局面尚未扭转。

2022年12月8日，省委十三届二次全会审议通过《中共广东省委关于实施“百县千镇万村高质量发展工程”促进城乡区域协调发展的决定》，全面实施“百县千镇万村高质量发展工程”。

“百千万工程”是广东的优势塑造工程、结构调整工程、动力增强工程、价值实现工程，是推动高质量发展的头号工程，是省委“1310”具体部署的“十大新突破”之一。

部署实施“百千万工程”，意义重大。

它是进一步拓展发展空间、畅通经济循环的战略举措，是惠民富民、满足人民对美好生活新期待的内在要求，是整体提升新型工业化、信息化、城镇化、农业现代化水平的迫切需要，对推动广东在全面建设社会主义现代化国家新征程中走在全国前列、创造新的辉煌具有重要意义。

当前，全省各地正深入实施“百千万工程”，抓县域发展、抓城镇提能、抓乡村振兴、抓城乡融合，全面推进强县促镇带村，加快把短板变为潜力板，推动城乡区域协调发展向着更高水平迈进。通过集众人之力、展各家所长，已经形成人人关心支持、全社会共同参与“百千万工程”的良好局面。

在这个奋斗过程中，涌现出一批典型县镇村，他们的经验值得借鉴推广。同时也要看到，以“头号力度”推进“头号工程”，还有许多工作要落实、有许多大事要推进、有许多难题要破解，要进一步动员社会各界积极参与，为助力广东全面推进乡村振兴、促进城乡区域协调发展作出更大贡献。

这套丛书，集中收录了一批文化底蕴浓厚、推进措施有力、发展势头良好的县镇村，是对“百千万工程”的一个阶段性的成果展示，对其他县镇村有很好的参考作用，对今后的工作是一个有力的推动。

善弈者谋势，善谋者致远。

2024年是全面推进实施“百千万工程”承上启下的关键一年，学习运用浙江“千万工程”经验，推动广东城乡区域协调发展，做好城乡融合和乡村振兴，至关重要。我们必须始终牢记习近平总书记谆谆教导，提高站位，深化认识，进一步增强把“百千万工程”作为推动高质量发展头号工程来抓的自觉性坚定性，全力以赴一抓到底、抓出实效，为广东在推进中国式现代化建设中走在前列打牢坚实基础、提供有力支撑。

邓维龙

广东省人大常委会原副主任

2024年7月

序二

民族要复兴，乡村必振兴。中国实施乡村振兴战略以来，广东省勇挑重任，继续争当乡村振兴大业的排头兵、示范岗。广东省委、省政府遵循中央顶层设计、尊重基层首创的原则，运筹帷幄，在构建起本省乡村振兴“一核一带一区”区域发展基本格局后，抓住本省高质量乡村振兴突出短板在县、薄弱环节在镇、最艰巨最繁重任务在村的三个关键，学习浙江“千村示范、万村整治”工程经验，决定对症下药，在深化细化“核”（县）、“带”（乡）、“区”（村）发展空间上久久为功，于2022年12月8日正式通过《中共广东省委关于实施“百县千镇万村高质量发展工程”促进城乡区域协调发展的决定》，全省动员，实施“百县千镇万村高质量发展工程”（简称“百千万工程”）。“百千万工程”的实质就是，要求省内122个县（市、区）、1609个乡镇（街道）、2.65万个行政村，瞄准广东省对本省县乡村的功能定位，在深入了解各自家底、资源禀赋、优势弱点的基础上，制定出各自的发展路径，广东省“百千万工程”指挥部据此统一调配资源，精准施策，通过营造外部良好的发展环境、培育各县乡村自我发展的强大动力，最终实现全省城乡一体集约式高质量发展。

2023年4月，习近平总书记考察广东时指出，广东要在全面深化改革、扩大高水平对外开放、提升科技自立自强能力、建设现代化产业体系、促进城乡区域协调发展等方面继续走在全国前列，在推进中国式现代化建设中走在前列。本书将广东省在乡村振兴中具体实施“百千万工程”的思路、典型案例、特色亮点进行提炼编辑，供社会各界研究借鉴。

《“百千万工程”广东实践》丛书，体现出广东省将全省的乡村振兴作为一个巨大的系统工程，县域发展、镇街发展、乡村发展、城乡融合发展是这项工程的子系统，各子系统既相对独立又相互关联，在相互促进与相互制约间，影响着“百千万工程”的整体速度与质量，所以，必须科学精准，丝毫不可放松大意。“百千万工程”被誉为广东省近年的“头号工程”当之无愧。

《“百千万工程”广东实践》丛书能体现广东省的管理创新。比如，创造性地将分类管理与激励机制结合起来，四两拨千斤。即根据发展状况将下辖的所有县分成创先类（15 个）、进位类（27 个）、消薄类（15 个）三条赛道，让不同赛道上的干部群众自觉听从指挥，奋发图强，争先进位。

《“百千万工程”广东实践》丛书能体现广东省的真抓实干，讲求实效。比如，为改变乡镇联城带村节点功能普遍较弱的实际，让乡镇党委书记充当“一线施工队长”，加强政务服务中心、教育、医疗、文化等公共设施建设，建好农贸市场，打造好专业镇、特色镇，营造具有岭南文化和民族风情的人文环境，使乡镇成为村民活动的中心地、县域发展的支撑点。

《“百千万工程”广东实践》丛书能体现广东省的改革魄力。比如，广东农业要现代化，必须对土地承包制的现状进行改革，但土地是农民的命根子，一般不敢妄动。广东省大胆推行了农村承包地“三权分置”制度，同时为增加农民的安全感，着手建立农村新型的集体产业，即让农民用自家的资产、资金或人力入股集体产业，以股东身份与集体产业结成利益共同体，自觉为壮大集体产业出力，由此加快了农村的产业兴旺，农民富裕。

《“百千万工程”广东实践》丛书能体现广东省以本省智慧，将国家政策融会贯通，自如运用。比如，将国家乡村振兴战略、区域协调发展战略、主体功能区战略、新型城镇化战略等战略有机结合起来，编制本省高质量的国民经济和社会发展规划及国土空间规划，积极打造都市农业，抢抓预制菜产业风口，通过空间集约利用、生产要素有序流动、公共资源均衡配置、基本公共服务均等覆盖等，破除城乡二元结构。广东省巧用政策的智慧令人赞叹！

这套丛书会为读者带来各自的体会。希望这套丛书的出版，能有助于广东域内所有的县、乡和村进一步调整好自身的发展路径，实现高质量发展；希望这套丛书能够为其他省的乡村振兴提供借鉴，推动我国的乡村振兴事业迈向新高度。

我很荣幸向大家介绍这套名为《“百千万工程”广东实践》的丛书。

让我们共同期待，“广东百县千镇万村高质量发展工程”为广东的乡村振兴事业注入新的活力，为全国的乡村振兴探索新的路径。

雷明

北京大学乡村振兴研究院院长

北京大学光华管理学院教授

2024 年 7 月

CITY CHAPTER

地市篇

广州：
出实招求实效，绘“百千万”新景

“百千万工程”实施推进以来，广州突出谋划的系统性、推进的整体性、操作的针对性和工作的创新性，推动广州市“百千万工程”实现良好开局，11 个区、177 个镇（街）、2822 个行政村（社区）实现高质量发展。

2024 年是“大干十二年、再造新广州”的开局之年，也是实施“百千万工程”的加力提速之年。当前，广州按照省委“1310”具体部署和市委“1312”思路举措，认真学习运用“千万工程”经验，以“头号力度”推进“头号工程”，坚持“产业第一、科技创新、项目为王”，打造推动城乡区域协调发展的超大城市“样本”。

当好全省示范和表率

2024 年广州两会期间，广州市政府工作报告对“百千万工程”的压茬推进作出部署。

报告指出，广州将全力实施“百千万工程”，促进城乡区域协调发展；认真学习借鉴“千万工程”经验，以头等力度全面推进强区促镇带村，当好全省构建城乡区域协调发展新格局的示范和表率。

据悉，为继续实施好“百千万工程”，广州将部署全链推进产业融合发展、全域深化人居环境整治、全面提升共治共享水平、全力打造改革创新示范、全心推进新型

极飞 P150 农业无人飞机进行喷洒作业。至今，来自广州极飞的十几万台智能设备，在全世界的农田里运行，服务了接近 18 亿亩次耕地。

帮扶协作等工作。开展“一镇一业”建设，做强中心镇、专业镇、特色镇。加快发展都市现代农业产业链，打造优质蔬菜、特色水果等 7 个百亿级产业集群，建设都市现代农业强市。持续推进农村污水、垃圾、厕所“三大革命”。提升农房风貌管控水平，巩固拓展新乡村示范带建设成果，让乡景如画、乡愁可及、乡情可亲。推进农村供水“三同五化”、供水服务到终端改造。发展壮大新型农村集体经济，培养农村职业经理人，推进国家农村产权流转交易规范化试点，增加农民财产性收入。大力开展市内纵向帮扶，深化落实“千企帮千镇、万企兴万村”、百校联百县、建筑企业结对帮扶镇村等行动，探索“双向飞地”等新型帮扶、协作形式。

为实现这些宏伟目标，更细化的任务清单随之发布。

日前，广州市“百千万工程”指挥部印发《2024 年广州市全面推进“百县千镇万村高质量发展工程"促进城乡区域协调发展工作要点》（以下简称为《工作要点》），从产业发展、人居环境建设、公共服务和社会治理、体制机制改革、社会力量参与等方面提出48项工作要点，并详细分解为253项具体任务，逐一明确责任单位。

与此同时，"百千万工程"得到了社会各界的支持。2024年7月9日下午，广州青年学堂之广州青年大学生"三下乡"社会实践活动暨"百千万工程"突击队行动骨干专题培训班在广州市团校举行。2024年，团广州市委组织引导高校组建1402支"百千万工程"突击队约2万名青年师生，于暑期深入镇街开展服务。

一区一策，推动高质量发展

头号工程，头号力度。

在推进实施"百千万工程"过程中，广州11区根据自身实际，锚定目标，深入实施乡村振兴战略，加力提速推进"百千万工程"，打好打赢事关全局的大仗硬仗。

2024年5月9日，广东省委农村工作会议暨深入实施"百县千镇万村高质量发展工程"推进会在广州召开，会议通报表扬获2023年度省实施"百千万工程"考核评价优秀等次的区县名单结果。其中，广州市黄埔区获评全省"创先类"优秀区。

据了解，自"百千万工程"实施以来，广州开发区、黄埔区深入贯彻落实习近平总书记重要指示批示精神，坚决落实省委"1310"具体部署和市委"1312"思路举措，围绕"建机制、树典型"，锚定打造产城融合、城乡融合双标杆区的总目标，发挥产业基础好、科技创新强的特色优势，聚焦产业经济、科技创新、城乡融合、绿美乡村、对口帮扶、改革创新等方面，以新龙镇典型镇建设、黄埔创新谷打造、全域土地综合整治等重点工作为抓手，有力有序推动"百千万工程"各项工作实现良好开局。2023年，全区规模以上工业总产值近9000亿元，在广州市占比40%，多项主要经济指标位居全国经济技术开发区（以下简称经开区）首位。

推动"百千万工程"良好开局，打好基础是关键。黄埔区搭建完善"1+8+17"的

作为广州市农业大区、强区，增城孕育了许多闻名遐迩的“土特产”。图为朱村丝苗米基地

“百千万工程”指挥体系，成立区“百千万工程”指挥部、8 个工作专班、17 个镇街建立相应指挥体系机制，区委主要负责人任指挥部“一线总指挥”。建立挂点联系督导、每周调度、各线条各专班联系机制和三级联络人工作机制，制定“一区一策”工作方案，以头号工程力度推进 11 项核心任务和 100 项具体任务落实落细，以指挥有力、上下贯通、协同推进的指挥工作体系，构建高效工作推进制度机制。

黄埔区坚持全域全员参与，积极动员社会力量参与“百千万工程”，形成全区全员深入推进“百千万工程”良好氛围。在实施“千企兴千村”行动中，引导国有资本资金 3.38 亿元支持“百千万工程”项目建设；积极推动建筑业企业与乡镇结对帮扶，实现乡镇与企业结对全覆盖，促成专项帮扶项目 18 个，项目总造价约 1640 万元。

产业基础好、科技实力强是黄埔区的特色。作为广州实体经济主战场、科技创新主引擎，黄埔区以产业为先，前瞻性布局“三城一岛”战略发展平台，全力创建粤港澳大湾区新发展格局战略支点先行区，提升区域发展能效。中新广州知识城布局新型储能、低空经济、AI 芯片等 3 大未来产业，规上工业总产值实现倍增，生物医药产业园区竞争力跃居全国第 6 位，新质生产力蓬勃发展。

黄埔区坚持制造业当家。2023 年，全区 243 个重点项目完成投资 938 亿元，完成年度投资计划的 102.3%，固定资产投资总量保持全国经开区和全省各区第一，全年突破 2000 亿元；工业实力居全国工业百强第 2 位。深入开展招商筹建“123 行动”，签约项目 402 个、总投资超 3500 亿元，其中孚能科技、TCL 中环等百亿级项目 10 个。

白云区则以改革促城乡共进。该区深化“1+3”镇街结对互促机制，6 个涉农镇街结对 18 个街道，并推动村社结对，18 个街道投入 4000 万元助力 6 个涉农镇街的公益项目；实施全域“大环境”（品质）提升 2.0 版，森林提质增绿 7000 亩；2023 年新改建农村公路 22.1 公里，里程数居全市前列。

而增城区锚定东部中心“现代活力核”“新广州”定位，加快新塘枢纽核心区建设；推进东部公铁联运枢纽申报生产服务型国家物流枢纽，打造广州东部国际物流港。在培育新质生产力、构建增城特色产业体系方面，增城区将加快增芯、希音等总投资超 1700 亿元的 142 个项目建设，加快新产业项目落地开工，挺起产业发展硬支撑。

从化区是全国唯一以县域为单位开展全域土地综合整治的试点。从化区委书记董可介绍，该区先行分类实施了 4 种“全域 +”整治模式——“全域 + 城乡融合”“全域 + 园区开发”“全域 + 城市功能提升”“全域 + 生态修复”，分步推进 10 个具有代表性的重点示范片区，统筹谋划 97 个整治项目、总投资约 400 亿元，为推进“头号工程”重构高质量生产生活生态空间。下一步，从化区将升级“全域 +”2.0 版本，因地制宜谋划新一轮整治项目，先行探索“地票”制度，打造若干个集中展现 4 类整治模式的示范窗口，持续深化广州超大城市近郊型整治路径，为下一步全省全域土地综合整治“扩面提质”提供更多可复制可推广的经验。

黄埔港　图／贾自豪

全市农业稳产保供成效显著

2024 年 9 月 21 日，广州市庆祝 2024 年中国农民丰收节系列活动，在主会场白云区人和镇人和园正式拉开帷幕。广州主会场活动现场开展了名特优新农产品展销、田园农耕文化体验、乡村特色美食品鉴等特色活动，展示广州学习运用“千万工程”经验，全面推进乡村振兴和“百千万工程”取得的阶段性成就，让广大农民群众真切体会到党对广大农民群众的深切关怀，引导广大农民群众坚定信心跟党走。

据广州市农业农村局透露，近年来，广州在全面推进乡村振兴、实施“百千万工程”、发展都市现代农业等方面取得了突出成绩，多项工作走在全省乃至全国前列，连续 3 次获国家“菜篮子”考核优秀、连续 5 年获省乡村振兴考核珠三角核心区第一名，耕地质量等级评价结果连续 8 年全省第一。全市农业稳产保供成效显著、都市农业提速升级、和美乡村形神兼备、城乡融合协调发展，广袤乡村展现欣欣向荣的新气象。

广州市番禺区东环街东沙古樟树公园。2024 年 7 月 1 日，东沙古樟树公园正式启用，园区新建古树保护区、生态池塘区，采用了岭南传统建筑风格的设计，搭配多种彩叶灌木丰富景观层次，不仅重修加固挡土墙，还设置幸福门、休闲广场、东沙村历史展板等。

据统计，广州大力推进粤港澳大湾区“菜篮子”工程建设，已在全国认定 2422 个生产基地。通过深入实施“穗字种业”振兴行动，主要农作物良种覆盖率达到 98% 以上。农产品质量安全总体合格率常年保持在 99% 以上。通过加快构建“1+6”都市现代农业产业链，广州已创建了 2 个国家级、23 个省级现代农业产业园，累计培育国家、省、市级农业龙头企业 17 家、200 家、430 家，其中国家级和省级农业龙头企业数量均居全省第一。通过建立健全四级乡村治理工作体系，全市累计创建了国家级、省级乡村治理示范镇（村）2 镇 10 村、22 镇 212 村。广州市农村居民人均可支配收入增速已连续 16 年快于城镇居民收入增速。

尤其是 2023 年，广州“三农”领域取得省、部级及以上集体和个人荣誉累计 63 项，再添一批国家乡村振兴示范县、国家级农业对外开放合作试验区、全国名特优新农产品等“国字号”荣誉，这些均为广州乡村振兴迈入全国“第一方阵”的代表性成果。

农业农村部门表示，2024 年，广州认真学习运用浙江“千万工程”经验，进一步深入实施“百千万工程”，作为“二次创业”再出发的重要抓手、拓展广州高质量发展战略纵深的重要载体。党的二十届三中全会召开后，广州更是加强推动“三农”工作进一步全面深化改革，以敢于“吃螃蟹”的勇气、善于“饮头啖汤”的特质，全力打造全省领先、全国进位和具有广州辨识度的“三农”标志性改革成果，为大干十二年、再造新广州，推进中国式现代化的广州实践作出“三农”贡献。

从繁华都市，到阡陌乡村，7434 平方公里的广州，以其广袤，亦以其城乡空间的交织碰撞，因此对推动城乡区域协调发展有着独特的“样本”意义。广州将继续向“头号工程”投入“头号力度”， 在高质量发展之路上走在前列、当好示范。

深圳：全力推动区域协调发展向着更高水平迈进

自广东省“百千万工程”部署以来，深圳各区紧紧锚定“三年初见成效”的目标，以头号工程的力度推动区域协调发展向更高水平和更高质量迈进。在广东省委农村工作会议暨深入实施“百千万工程”推进会上，深圳荣获2023年度省“百千万工程”考核优秀等次，各区也呈现出齐头并进、百花齐放的良好局面。福田区位列创先类优秀等次，南山、宝安、龙岗、龙华、罗湖区为良好等次；光明、坪山区位列进位类优秀等次，盐田区为良好等次。这一考核评价结果充分显示出深圳全市上下正以实绩实效奋勇先行，为加力提速推进“百千万工程”走深走实贡献深圳力量。

南山区：双向飞地，协同共赢

在“百千万工程”建设热潮之下，“双向飞地”正成为深圳开展新型省内对口帮扶协作，推动产业共兴、要素共用、服务共融的有力举措。深圳扎实推进与汕头、河源、汕尾、潮州4市对口帮扶协作和与惠州3县对口产业协作，加快推动与周边城市协同融合发展，更好发挥辐射带动作用。

深圳持续深化对口帮扶，安排资金63.5亿元，选派480余名干部常驻当地县镇村，设立总规模10亿元的深圳—汕头产业协作基金助力产业发展。同时，深圳还持续深

自广东省“百千万工程”部署以来，深圳各区紧紧锚定“三年初见成效”的目标，以头号工程的力度推动区域协调发展向更高水平和更高质量迈进。图为深圳罗湖夜景

化产业协作，推动建设汕头、河源、汕尾、潮州4个市级产业转移园区和6个区县共建特色产业园区，引导900余家企业到对口地区设立企业、投资兴业，落地200余个百万元以上产业项目。

其中，南山区作为深圳市的重要组成部分，近年来在“百千万工程”的推动下，致力于通过区域合作与对口帮扶，为全省乃至全国的区域协调发展提供有力支持。

近年来，南山区全面加强对口帮扶协作互动，在全市率先制定实施支持产业有序转移、促进区域协调发展的多项专项扶持措施。这些措施不仅涵盖了鼓励产业有序转移、鼓励订单定向委托加工等方面，还从资金、技术、人才等多个层面给予全方位支持。

在资金支持上，南山区设立了专项扶持资金，用于支持产业转移和区域协调发展。例如，为深汕特别合作区的补短板工作提供了1000万元资金，用于整治人居环境、改善基础设施、提高公共服务水平等。同时，南山区还安排了对口帮扶专项资金，用于产业、就业、人才、科技、民生等领域，为对口帮扶地区提供了坚实的资金支持。

除了资金支持，南山区还积极引导企事业单位、社会力量参与对口帮扶协作工作。通过举办多场招商引资大会和经贸文化交流活动，南山区向全球发出了"最佳合伙人"的邀约，吸引了众多优质企业和项目落户南山。同时，南山区还积极推动辖区内的重点建筑业企业参与"百千万工程"，为区域协调发展注入了新的活力。

在推动产业转移和区域协调发展的过程中，南山区充分发挥自身的科技创新和创意设计优势，通过产业协作和创新驱动，实现区域经济的高质量发展。南山区与汕头濠江共建的"百千万工程"产业协同创新中心，就是一个集创新成果展示、产业赋能孵化与产业科技研发于一体的综合性平台。这一平台的建立，不仅促进了南山与濠江两地的产业协同发展，也为其他地区提供了可借鉴的经验和模式。

此外，南山区还积极推动"飞地经济"的发展，通过异地共建产业园区的方式，协同推进产业转移、产业帮扶、乡村振兴等工作。目前，南山区已在江西省吉安市、广东省河源市连平县、广东省河源市高新区、深汕特别合作区等地建设了多个异地共建产业园，为当地的经济社会发展提供了有力支持。

未来，南山区将继续发挥自身优势，推动经济高质量发展与区域协调共进，为全省乃至全国的区域协调发展作出更大贡献。

龙岗区：聚焦实际，补齐短板

龙岗区在贯彻落实"百千万工程"中，充分聚焦该区实际，提出"居住等质、公服同温、基础设施共通、人与自然共生"的城镇建设目标。从"城中村改造、老旧小区改造"等 11 个方面发力，并细化时间表、实行"挂图作战"，以最大力度尽快补齐最突出短板，转劣势为优势，变短板为潜力板。

龙岗区是深圳市城中村体量最大的城区，数量大、范围广、人口多，是龙岗区城中村的显著特征。近年来龙岗区在城中村改造和老旧小区改造方面取得了显著进展，

近期，汕头市濠江区工商联（总商会）、新阶联等民营企业家一行 20 人，到南山开展考察调研交流学习，落实“百千万工程”工作部署安排，加强两地民营企业家交流学习、促进产业联动。

通过实施一系列改造项目，提升了居民的生活环境和居住质量。

龙岗区山厦新村城中村便是通过改造，让群众共同享受到了时代发展的红利。在新村改造前，附近根本没有公共活动空间、环境脏乱差等问题突出。近年来，龙岗区不断增强人民福祉，坚持问题导向，实施“一村一策”，审慎考量在地场域功能和综合承载力，与村民、村集体企业共投共建。

得益于城中村改造工作的推进，山厦新村将村头大榕树改造，打造了亲子活动空间，如今，游乐设施、健身器材一应俱全，这片面貌老旧杂乱、居民使用率不高的闲置空间，变成了山厦新村最具活力的地方。

事实上，作为深圳市城中村体量最大的城区，龙岗区早在 2021 年便在全市各区中先行先试，启动了为期 3 年的“活力城村”专项行动。该项行动在全区范围内选取 10

个城中村作为试点，积极探索实践城中村改造更新和治理之路，推动城中村改造从“改差补缺”向“品质提升”转变，为市民享受美好生活提供更多可能。

下一步，龙岗区将因地制宜统筹谋划新一轮城中村改造项目，探索形成更多让城中村变“城中景”的高质量发展经验。

龙华区：品质提升，创新发展

龙华区在“百千万工程”中，以高品质建设现代化城区为目标，深入实施以人为本的新型城镇化建设。龙华区七大重点片区及“龙华中心”等重点区域规划建设如火如荼，完成全市首个集中连片区域地块招拍挂出让，轨道五期 22、25、27 号线全面开

工建设，深大、深惠城际建设项目完成车站主体结构施工。

龙华区持续探索城中村品质提升新路径，创新提出“3+5+N”城中村品质提升总体思路，明确“建设多样稳定的居住场所、打造多彩活力的交往休憩空间、营造多元融合的善治家园”3大目标；提出“品质住区型、产业保障型、特色文旅型、烟火文化型、治理创新型”5类提升导向；选取N个试点，制定城中村品质提升行动计划，推动城区面貌加速蝶变。

在教育领域，龙华区一批义务教育阶段公办学校完成新改扩建，深圳中学龙华学校顺利揭牌，3项思政教育案例入选全国思政课典型经验，教育体制改革走向纵深。在医疗卫生方面，新增医院床位超800张，深圳市新华医院、第二儿童医院顺利完工，

大沙河已成为“绿美南山”生态建设的生动缩影，这里不仅是鸟类栖息地，也是市民休闲娱乐好去处。
图／李玉龙

医疗卫生服务持续改善。

此外，龙华区还积极推动文体设施建设，新增文体设施面积超3.7万平方米，"'守望田野'乡村非遗探索之旅"成为深圳市唯一入选的全国旅游线路，中国围棋甲级联赛等重磅赛事精彩纷呈，千场文体活动惠及群众20万人次。

光明区：科学重器，创新驱动

光明区以科学重器为支撑，充分发挥光明科学城的优势资源禀赋，抓好特色优势产业培育和现代化产业体系构建，闯出一条具有光明特色的经济高质量发展路径。在加速创新载体建设方面，现已建成运营合成生物研究、脑解析与脑模拟、材料基因组三大装置，引进9个大院大所，新增市级以上创新平台33个、区级孵化器6个。

光明区还首创"楼上楼下创新创业综合体"模式，"楼上"科研人员开展原始创新，支撑产业进行关键核心技术攻关，"楼下"孵化器企业对原始创新进行工程技术开发和中试转化，推动了一批"科研之花"结出"产业之果"。这一模式为光明区的创新发展注入了新的活力。

在公共服务方面，光明区也取得了显著成效。通过加强基础设施建设，完善交通网络，提升公共服务水平，为居民提供了更加便捷、舒适的生活环境。

坪山区：新质生产力，未来之城

坪山区以加快发展新质生产力来擘画"百千万工程"中"未来之城"新图景。坪山坚持产业立区、工业强区，以科技创新驱动为引领，推动"智能车、创新药、中国芯"三大主导产业稳步壮大。此外，坪山区加快构建全过程创新生态链，"百千万工程"开展以来，该区新增国家级科技企业孵化器和众创空间1家、市级以上创新载体46个，国家级高新技术企业存量突破900家。

坪山区在新质生产力的培育上，始终坚持创新驱动，不断优化产业结构。智能网联汽车产业是坪山区的核心产业之一，作为粤港澳大湾区唯一的智能网联试验场已建成启用，国家级新能源汽车产业知识产权运营中心也落户坪山。坪山区积极构建智能网联汽车产业生态，推动产业上下游协同发展，一批创新平台和创新企业纷纷涌现。比亚迪作为全球新能源汽车销冠，其第 600 万辆新能源汽车的下线，更是标志着坪山区在新能源汽车产业的领先地位。

与此同时，坪山区在低空经济领域也取得了显著进展。通过出台直升机固定航线补贴政策，推动比亚迪车载无人机系统发布，并与西北工业大学签订无人低空科技产业合作协议，坪山区正在积极打造低空经济的新高地。深圳低空飞行产业集聚协同平台、陆空一体智能网联综合交通测试基地的落户，更是为坪山区低空经济的发展注入了强劲动力。

除了智能网联汽车和低空经济，坪山区还在生物医药、新型储能等产业领域积极布局。与深圳海关携手共建出入境生物医药特殊物品综合服务平台，为生物医药产业发展提供了便利条件。坪山区规划建设新型储能产业园，集聚了一批 IGBT、储能电池等研发生产企业，在储能领域崭露头角。

接下来，坪山区将以更加开放包容的姿态，吸引全球创新资源，打造具有国际影响力的未来之城。

珠海：加力加速推进头号工程

从开局起步到加力提速，珠海实施“百千万工程”部署和落实，步伐更为紧凑。

近日，珠海市“百县千镇万村高质量发展工程”指挥部印发《2024年珠海市全面推进“百县千镇万村高质量发展工程”促进城乡区域协调发展工作方案》（以下简称工作方案）。

工作方案全面对标广东省“5个大抓”工作要求，在推动县域经济发展、抓好人居环境提升、促进城乡融合发展、加强改革创新赋能、加强社会力量动员5个方面全面部署，并提出完善工作机制保障，共48项举措268条细化任务。

与此同时，珠海还创新制定“四张清单”，强化各项任务清单式管理、项目化推进，围绕“百千万工程”重点领域关键环节攻坚突破，提出抓好深化农村宅基地制度改革试点等16项先行性改革，抓好筹建“白蕉海鲈国家地理标志产品保护示范区”等24个典型培育项目，开展农房风貌管控等25项重点调研课题，进一步明确2024年工作的发力点和着力点，确保2024年底一批改革和典型项目出实效。

5年100亿元财力保障

稳定、坚实的财力保障，是推进“百千万工程”顺利高效实施的关键。

全球首条跨海跨城 eVTOL 航线公开首飞。珠海往返深圳，单程仅需 20 分钟。图 / 观海融媒

近日，珠海市财政局印发《2024 年“百千万工程”财政要素保障工作方案》，发挥财政要素保障作用，从资金保障、资金管理和财政改革三方面重点工作入手，更好支持“百千万工程”，计划 5 年统筹投入 100 亿元专项资金。

上述工作方案健全了财政资金保障机制，坚持以“头等保障”力度服务保障“头号工程”。首先是进行“百亿资金”投入。市财政局归并整合了珠海市部分专项资金，腾出资金额度整合优化设立“百千万工程”重点任务保障专项资金，计划 2024 年至 2028 年 5 年统筹投入 100 亿元，平均每年投入 20 亿元。其次是进行“真金白银”激励。2024 年 6 月，珠海市“百千万工程”考核优秀区镇激励资金 4200 万元已通过专户下达各区镇，省考核优秀区按照 3000 万元 / 个、市考核优秀镇按照 300 万元 / 个予以激励。最后是争取上级资金激励机制。建立相关单位竞标争先的工作氛围。工作方案明确，对积极争取到中央和省专项资金支持、对接成效好的单位，给予通报表扬并在预算执行管理工作考核中予以激励，对向上争资专项工作给予优先保障。

向海而兴，焕发海洋海岛新光彩

海洋，是珠海的潜力所在、优势所在。

作为海洋资源大市，珠海拥有大小岛屿 262 个，海岸线长达 227.26 公里，是珠三角地区海洋面积和海岛面积最大、岛屿最多、海岸线最长的城市。

借助用好丰富海洋海岛资源优势，珠海提出全面推进省级海洋经济创新发展综合改革试点建设，构建现代化海洋牧场全产业链、积极创建国家级渔港经济区，对标国际一流标准建设桂山岛现代化特色海岛小镇，打造全省最美海岛小镇。

随着粤港澳大湾区加速互联互通，“南下北上”双向奔赴正让海洋旅游资源发挥更大价值。

高质量开发海洋旅游资源，法制建设是保障。珠海市强化海洋发展机制建设，成立珠海市海洋发展局，出台深海养殖和远洋捕捞扶持措施实施细则，全面建设省级海洋经济创新发展综合改革试点。

打造海洋牧场全产业链，不断提升产品的质量，促进效率提高。高质量建设外伶仃、万山国家级海洋牧场示范区，“格盛 1 号”建成投产，成功创建国家级沿海渔港经济区。2024 年 1—6 月珠海市海域养殖产量约 1.12 万吨，同比增长 80%。

串珠成链建设和美海岛，以海岛资源推动旅游产业发展。成立海岛新样板建设工作专班，实施最美海岛建设行动，加快制定海岛民宿管理办法，桂山岛风景区获评国家 4A 级景区。

2024 年 6 月 30 日起，珠海市万山区担杆镇供电同网同价正式实施，外伶仃岛、担杆岛居民电价从 3.28 元 / 度下调至 0.609 元 / 度，预计每年可为海岛居民、商户节约电费 2200 万元，全省唯一没有连通国家大电网的建制镇用上平价电。至此，珠

晨曦中的港珠澳大桥（无人机照片）

海海岛居民用电全部实现与市区同价，推动陆岛基本公共服务均等化。

供电同网同价是珠海市通过“百千万工程”完善海岛基础设施建设里程碑式的一步，这一“卡脖子”的用电的难题得到了解决，将会为海岛未来的“百千万工程”重点项目的建设提供强有力的支撑。

担杆镇党委书记黄静静表示：“供电同网同价使得居民生活用电成本大幅下降，有利于满足居民对美好生活的需求，提高居民的获得感和幸福感；对于商户和企业来说，用电成本的大幅下降，有利于他们把更多的资金投到旅游配套完善、提高服务水平上来，有利于整个海岛的经济高质量发展。”

近年来，海岛特色旅游品牌也在不断擦亮。2024 年 7 月 3 日，广东省文化和旅游厅发布消息，珠海市桂山岛风景区被评定为国家 AAAA 级旅游景区，海岛旅游这张珠海城市的名片持续擦亮。

联动港澳，激发县域经济发展活力

作为全国唯一与港澳路桥相连的城市，珠海充分发挥这一独特的资源禀赋和区位优势，提出具有珠海特色工作举措。

随着"两车北上""经珠港飞"等政策的落实，以及港珠澳大桥经贸新通道加快建设，港澳元素在珠海加速流动，拓展经济纵深。

据统计，2024年1—6月经港珠澳大桥公路口岸入境客流、车流累计超1250万人次和250万辆次，同比增长113%和102%。另一方面，随着粤港澳物流园、高栏港综合保税区等大桥延长线节点物流功能的完善，前5个月大桥口岸进出口货值达1457.3亿元，同比增长7.2%。

同时，为将"制度之异"加速转为"制度之利"，珠海聚力建设广珠澳科创走廊，并以实体为本推进产业强区。

珠海加快建设"云上智城"，成立云上智城建设管理局，联合华为科技打造智能算力成本最低的城市；着力打造"天空之城"，出台《珠海市支持低空经济高质量发展的若干措施》，珠海、深圳首条无人机低空快递物流航路开通，首条琼粤跨省通航货运航线首飞成功。

发展实体经济方面，珠海制定出台县域经济协调发展实施方案，实施"项目攻坚年"和"企业服务年"行动，上半年西部地区签约重点产业项目79个，协议投资总额占全市七成以上，2024年首个百亿级产业立柱项目奕斯伟半导体落户金湾。

创新港澳跨境合作方式，推动港珠澳县域银发经济发展。随着港珠澳联系日渐加深，港澳老人就近到珠海养老已然成为趋势。然而，三地的医保制度不衔接，如何让港澳老人跨境享受港澳免费医疗保障政策？珠海香洲区级养老机构"和园·颐养"项目（以下简称"和园·颐养"）试点设立跨境养老"医疗储备金"制度，提供跨境养

珠海市桂山岛的海洋牧场“澎湖号”

老医疗保障过渡性解决方案。

港澳老人在珠海养老期间，可参照珠海居民医保的相关标准，缴纳一定的“医疗储备金”。香洲区民政局局长赵为敏介绍：“当发生住院或院前急救抢救等就医行为时，老人可使用‘医疗储备金’进行兜底解决。”“和园·颐养”是珠海市香洲区扎实推进“百千万工程”的重点民生项目，以“小切口”的制度创新方式，探索打通港澳老人跨境养老医疗保障不衔接的“深层次”问题。

全国首创乡村风貌提升专项立法

珠海乡村面积约 982 平方公里，占陆域面积 57%，现有农房约 11 万栋。

为进一步提升村容村貌，珠海在全国首创乡村风貌提升专项立法，推动农村人居环境全面提升，并通过大力实施古村古宅风貌提升和保护利用行动，对全市 39 条传统古村落进行保护性开发，分阶段分片式修复活用古建筑、旧民居超 100 座；结合斗门现有农房近 9.2 万栋、占全市 85% 特点，积极探索宅基地“三权分置”新实践，创新“福安·幸福里”村民公寓建设新模式，在全国率先探索集约用地、资格权跨村、积分制管理、安居金融等村民住房保障新机制；分两批共完成 41 条村的村庄规划优化提升编制工作；加快推进金湾特色水乡等 4 条乡村振兴示范带建设；斗门“黄杨宋莲”乡村振兴示范带内实现 8 个市级样板村和 3 个区级样板村连片风貌提升，完成 3621 户农房微改造。

为凝聚各方力量共同推动“百千万工程”，珠海在全省率先建立组团纵向帮扶村居工作机制。2024 年以来，87 个组团牵头制定“一村一策”帮扶方案，开展帮扶项目 135 个，落实帮扶资金 1393 万元。由市领导牵头，市直机关和事业单位、国有企业、在珠高校、科研院所等组团式、多对一帮扶市 122 个行政村推动农房风貌提升等乡村振兴重点工作，开展专题培训及政策宣讲 60 余场，55 个帮扶组团 2000 余人次干部职工深入村居开展人居环境绿化美化行动。招聘村镇规划师 30 名，每镇不少于 2 名，选派 78 名技术骨干作为乡村规划师志愿者等，驻点长期指导村居规划建设。

据悉，珠海还充分调动建筑企业深度参与农房风貌品质提升行动试点，发动 7 家建筑业企业参与帮扶，筹措金额约 120 万元。实施“创美庭院”巾帼行动，打造创美庭院样板村 29 个，“创美庭院”示范户 534 个。

接下来，珠海将乘势而上，奋力推动“百千万工程”不断走深走实，在全省深化“文旅融合”、加快城乡区域协调发展中打造新标杆、开创新局面。

汕头：
以产助推百年商埠再现蓬勃生机

汕头市位于广东省东部，又名“鮀岛”，是中国经济特区、全国著名侨乡、广东省域副中心城市。境内韩江、榕江、练江三江入海，大陆海岸线长217.7公里，海岛岸线长167.37公里，有大小岛屿82个。汕头埠开埠以来便因侨而立，因侨而兴，二十世纪三十年代达到高峰，港口进出口船舶吨位数居全国第三，有“岭东门户，华南要冲”的美称。

汕头，是我国民营经济发育最早的地区之一。据广东省人民政府文史研究馆记录，汕头目前已拥有民营经济单位约30万户，占全市经济单位的绝大多数，民营经济的持续健康发展是汕头市经济社会发展成就的集中体现。近年来，汕头市坚定不移地走“工业立市、产业强市”之路，加快建设现代化产业体系，蹄疾步稳地推进“百千万工程”。

做大做强传统产业，打造2000亿元产业

近年来，汕头市立足自身资源禀赋和产业特色，锚定“工业立市、产业强市”的发展目标，以传统服装和纺织产业为基础，大力推进产业升级和产业链完善，计划打造两个超2000亿元的产业集群，为汕头经济高质量发展注入新的强劲动力。

纺织服装产业作为汕头市“两特”产业之一，一直是该市的支柱产业。自20世纪70年代开始，汕头纺织服装产业逐渐兴起，经过40多年的发展和沉淀，已经成为全球纺织服装产业链最完整、供应链最先进的核心基地之一。数据显示，纺织服装产业是汕头首个产值突破千亿元的支柱产业，并且正朝着超2000亿元的目标迈进。

纺织服装产业在汕头经济特区建设中扮演着举足轻重的角色，为了进一步提升该产业的竞争力和影响力，汕头市高标准谋划了“四大工程”：全球纺织品采购中心、智能化纺织工业产业园区、汕头国际会展中心、纺织大厦。

“四大工程”自提出以来，得到了汕头市委、市政府的高度重视和全力推进。如今，这四大项目已经陆续竣工并投入使用，标志着汕头纺织服装产业进入了新的发展阶段。

汕头国际纺织城是“四大工程”的重中之重，位于潮阳区谷饶镇、贵屿镇、铜盂镇交界处，总规划用地面积达5100亩，计划总投资额305亿元。自2023年7月正式开工以来，纺织城的建设速度惊人，已有多处地块和配套设施实现交付，预计到2025年年底，263万平方米的建筑群将全面竣工，有望成为国内纺织单品类交易市场之首。纺织城将集技术研发、生产制造、产品展销、智慧云仓为一体，成为全球纺织服装产业的枢纽中心。

纺织大厦同样坐落在汕头市区核心地段——珠港新城，总投资2亿元，用地面积6824.9平方米，总建筑面积3.4万平方米。该项目将集平台服务支撑、电商直播间、品牌会客厅、电商平台办事处于一体，打造产业服务基地和产业智造中心、产业智库中心的“一基地、两中心”汕头新地标，为纺织服装产业发展提供顶层支撑。

汕头国际会展中心于2023年9月25日正式开业运营，总建筑面积达15.37万平方米，是粤东地区规格最高、规模最大、最具现代化水平的专业会展场馆。会展中心不仅将为“汕头制造”企业提供展示产品、拓展市场的机会，还将助力汕头产业的优化与升级，推动地方经济高质量发展。

在纺织服装产业的蓬勃发展带动下，汕头市进一步规划和完善了上下游产业链，

近年来，汕头市坚定不移地走“工业立市、产业强市”之路，加快建设现代化产业体系，蹄疾步稳地推进“百千万工程”。图 / 汕头发布

从一滴原油到一条纱线再到一件成衣，已经实现了全球最完整的产业链条。近年来，汕头还引进了多个锦纶项目，补齐广东化纤生产短板，进一步巩固了其在全球纺织服装产业中的地位。

展望未来，汕头市将继续以“四大工程”为平台和抓手，推动纺织服装产业高质量发展，建设具有国际影响力的“中国纺织服装产业基地”。随着汕头国际纺织城、纺织大厦、国际会展中心等一系列重大项目的交付使用，汕头纺织服装产业必将迎来更加蓬勃的发展，向着超 2000 亿元的产业集群目标加速迈进。

做精做细文旅产业，擦亮汕头文旅品牌

近年来，汕头凭借其独特的文旅标签，如美食、英歌舞、小公园、南澳岛等，在

各大网络平台频繁出圈，成为另国内外游客心驰神往的旅游目的地。为推动文旅融合高质量发展，汕头从重点项目、文旅活动、全产业链等方面持续发力，为游客带来更加多元化、个性化的旅游体验。

2024年国庆期间，汕头文旅市场持续火爆。据监测数据，9月30日至10月3日，汕头市8家4A级以上旅游景区接待游客同比增长43.54%。其中，位于汕头内海湾出海口的妈屿岛，凭借其丰富的文旅资源和完善的配套设施，吸引了大量游客前来打卡。妈屿蓝文旅空间等项目的入驻，更是提升了旅游综合服务能力，丰富了游客的旅游体验。国庆假期前四天，该岛的民宿和书店均呈现满房状态。

与此同时，承载着厚重历史记忆与文化底蕴的小公园街区，同样吸引了八方游客。每逢节假日，这里都会举办非遗体验、文艺展示、美食节、文创市集等丰富多彩的文旅活动，让游客在游览中领略潮汕文化的精髓。近年来，汕头以“微更新”“微改造”和“绣花”功夫，对小公园开埠区进行保育活化，促进了文旅融合发展。如今，节假日小公园人头攒动，成为汕头文旅的一大亮点。

汕头美食更是名声在外，镇邦美食街、龙眼南美食街、珠江美食街等美食打卡地，让游客流连忘返。2024年国庆期间，这些美食街的人流量明显增多，许多店铺从早到晚都排满了等待品尝潮汕美食的游客。苏南勤记卤鹅等非遗项目传承人的门店，也在这个国庆假期迎来了客流高峰。

除了美食和景点，汕头还积极举办各类文旅活动，如焰火晚会、千人英歌舞、国庆花车巡游、大型演唱会等，吸引了大量游客前来参与。2023年，汕头文旅交出了一份亮眼的成绩单，南澳岛入选全国首批“和美海岛”，小公园开埠区入选第三批国家级夜间文化和旅游消费集聚区名单。

接下来，汕头将继续贯彻落实党的二十届三中全会关于“健全文化和旅游深度融合发展体制机制”的部署，不断提升城市文旅资源活力。汕头将做旺会展经济、赛事经济、舌尖经济、夜间经济，积极承办各类国家级、省级体育赛事，联动打造“吃住

近年来，汕头市坚定不移地走“工业立市、产业强市”之路，加快建设现代化产业体系，蹄疾步稳地推进“百千万工程”。图／汕头发布

行游购娱”服务链，激发消费新动能，建设区域消费中心城市，为经济发展注入新活力，为“百千万工程”贡献更多力量。

聚侨力汇侨智，助力“百千万工程”

汕头是著名侨乡，自开埠以来便因侨而立，因侨而兴。如今，汕头拥有遍布世界100多个国家和地区的500多万华侨华人和港澳台侨，建立了汕头侨批文物馆和以侨批为主题的公园，以潮汕侨批为主的“侨批档案”入选世界记忆名录。

当前，汕头市充分调动其丰富的侨乡资源，并将其作为广东省“百千万工程”的重要推动力量。汕头市侨务局以“做好新时代‘侨’的文章”为主线，持续深化文化引侨、平台联侨、政策惠侨、经济聚侨“四项行动”，进一步加强和改进侨务工作，切实推动将“侨”的优势转化为汕头发展优势，汇聚侨胞智慧和力量，共同助力“百千万工程”的深入实施，为地方经济和社会发展注入新活力。

在汕头市潮阳区，侨联组织充分发挥桥梁纽带作用，推动区侨界青年企业家积极响应侨助“百千万工程”的号召。潮阳区侨界青年联会（简称区侨青联）的几位创会会长，积极在汕头谋划投资创业，成为了“百千万工程”的重要践行者和推动者。他们不仅将个人的事业与地方的发展紧密相连，更以实际行动诠释了侨界青年助力家乡高质量发展的使命担当。

其中，“攀派潮汕牛肉火锅店”由阿联酋广东商会副会长、区侨联兼职副主席、区侨青联副会长张钦贤先生等几位潮籍侨领携手合力投资兴办。他们紧跟时代步伐，将牛肉火锅这一潮汕美食与优秀传统文化理念深度融合，引入潮阳英歌舞这一独特文化元素，并将店内店外采用“国潮风”装饰，从厨房到餐桌，每个环节都精心打造。这不仅使得这里每一口牛肉都饱含着对生活的热爱，每一场英歌舞都颂扬着潮人“敢闯爱拼”的精神，更成为了潮汕美食文化的重要传播基地。

此外，汕头市吴氏小隐茶业有限公司也是侨商企业助力“百千万工程”的又一典范。这家公司由区侨联常委、区侨青联副会长兼秘书长吴宏涛先生投资兴办。吴宏涛先生不仅致力于茶叶的种植、加工和销售，更将弘扬潮汕茶文化作为自己的使命。他通过对商标注册、外包装设计以及茶叶选购和制作生产等环节的精心打造，使得小隐茶叶公司的产品品质和品牌形象得到了广泛认可。同时，他还积极组织茶文化交流活动，推动潮汕茶文化走出国门，走向世界。

在汕头市政府的引导下，侨商企业不仅在经济上取得了显著成就，更在文化交流、社会公益等方面发挥了积极作用。他们通过组织经济文化交流访问、参与地方公益活

近年来，汕头市坚定不移地走“工业立市、产业强市”之路，加快建设现代化产业体系，蹄疾步稳地推进“百千万工程”。图／汕头发布

动等方式，加深了与当地社会的联系和互动，为地方经济和社会发展作出了积极贡献。

未来，汕头市政府将继续发挥侨乡优势，汇聚更多侨胞智慧和力量，共同推动“百千万工程”的深入实施。同时，也将进一步加强与侨商企业的合作与交流，为他们提供更多的支持和帮助，共同书写汕头高质量发展的新篇章。

江门：
高质量推进“百千万工程”

党的二十届三中全会提出，城乡融合发展是中国式现代化的必然要求。必须统筹新型工业化、新型城镇化和乡村全面振兴，全面提高城乡规划、建设、治理融合水平，促进城乡要素平等交换、双向流动，缩小城乡差别，促进城乡共同繁荣发展。

江门把“百千万工程”作为头号工程高质量推进，城乡区域协调发展迈出坚实步伐。2023 年全面实现“四个千亿”发展目标：全市 GDP 突破 4000 亿元，列全省第七；新会成为全市首个千亿 GDP 强区；新招产业项目投资总额超 2100 亿元；完成工业投资超千亿元，成为全省第六个工业投资超千亿地级市。

2024 年，江门继续保持良好发展势头，1—8 月全市规模以上工业增加值同比增长 5.2%，进出口总额增长 11.6%，制造业投资增长 6.9%，建筑业总产值增长 17%，船舶与海工装备、轨道交通、新能源汽车等新兴产业分别增长 56.5%、22.3%、17.4%，家电、摩托车、金属制品等传统支柱产业分别增长 19.4%、12.3%、10.2%。此外，江门成功入选全省镇域经济高质量发展省级专项改革试点，鹤山在 2023 年省“百千万工程”考核中获创先类县（市）第一，并入选省信用建设助推社会治理现代化试点、县镇管理体制改革试点，台山入选省首批以县城为重要载体的新型城镇化试点，开平、台山入选省首批全域农文旅融合发展试点，新会崖门、蓬江棠下、开平水口、鹤山共和四镇

五邑华侨广场

入选全省按照小城市标准规划建设的中心镇试点，九镇入选全国千强镇。

“百千万工程”蕴含广阔前景和巨大潜力，赋予江门新的历史机遇、新的动力源泉。随着深中通道建成通车、黄茅海跨海通道于2024年底建成通车，以及深江高铁建设的全面提速，江门进入“大桥经济”的黄金时代。日前召开的江门市委十四届七次全会提出，围绕健全实施“百千万工程”体制机制，健全“强县”动力机制，做大做强镇街经济，推进乡村全面振兴，深化区域协作帮扶，“向海”拓展发展新空间，建设全省区域协调发展综合试验区。

大抓产业发展，壮大县域经济

早在2021年，江门就把坚持区域协调发展列入市委“1+6+3”工作部署，明确坚持区域协调发展，打造区域平衡发展综合试验区，持续推进东西部共同富裕。站在全省深入推进“百千万工程”和区域协调发展的新起点，江门更有底气、更有经验、更有方向。

蓬江、江海、恩平协作共建江门市水都产业园，精准引进国内外著名食品饮料企业，落地投资3亿元的恩州山泉水项目，2024年竣工投产；新会与台山打造海工装备产业园，共推海洋牧场建设，在先进城市联合举办不同层次的招商推介会，共享深圳驻点招商资源；鹤山、开平成立首期规模为1亿元的区域平衡发展基金，建设水暖卫浴产业配套基地（共性工厂）……实施“百千万工程”以来，江门持续深化市域内东西部对口帮扶协作，三对情深“手足”实施近百个人才交流、园区共建、产业协同、教育集团办学等结对项目。

作为一个面积、人口、经济体量在全省均处于中游的中等县，鹤山在2023年度省实施“百千万工程”考核中位居15个创先类县（市）第一，这背后，工业是“最大功臣”。“鹤山狠抓制造业当家，集中资源建好建强省产业转移重点主平台，工业投资占固投总额的比重、工业税收占税收总额的比重均超过六成，连续两年新增规上工业企业超100家，初步走上了一条以工业经济为主的县域经济高质量发展路子。2024年我们争取规上工业企业再新增100家，规上工业总产值突破1000亿元。”鹤山市委书记刘志刚说。

2023年新会区经济总量率先突破千亿，上榜江门“四个千亿”成绩单。据了解，新会聚焦大型产业集聚区建设，加快打造三大‘万亩千亿’产业园区，加速优质项目落地和效益产出。实施全员全产业链招商行动，成功引进亿元以上项目90个，项目数量、投资额10亿元以上项目数均位居全市第一。该区将2024年定为“全员招商攻坚年”，力争全年招商项目总投资额超600亿元。

县域经济的关键是产业。实施“百千万工程”以来，江门始终把产业发展作为重中之重，将强县域、谋产业、建载体、抓招商贯穿始终，培育和发展现代农业与食品、现代轻工纺织、先进材料、能源、电子信息、装备制造等六大千亿产业集群，加快发

鹤山工业园区

展硅能源、新型储能、低空经济、传感器、海洋牧场、安全应急、数控机床、盾构机、智慧农机、水经济等十个新兴产业，带动县域经济发展更有特色、更有后劲、更有实力。同时，不断强化园区产业平台建设，江门在2023年全省大型产业集聚区考核的7个地市中获优秀等次，并在承接产业有序转移主平台考核的15个地市中获优秀等次；蓬江、江海、台山、鹤山产业转移工业园在2023年省产业园考核中均获优秀等次。在推进农业现代化方面，2024年上半年江门农林牧渔业总产值264.42亿元，总量排名全省第四，1—7月，陈皮、鳗鱼等6大特色优势产业全产业链产值486.49亿元，同比增长18.89%；4个“海洋牧场”项目开工建设，建成重力式深水网箱162个，全省首个入级中国船级社的大型养殖装备平台“台山1号”3月下水，广海渔港渔获物集散交易中心建筑主体已顺利封顶，预计10月投入使用。

此外，江门各县（市、区）乘着深中通道、黄茅海跨海通道、深江高铁"三通道"东风，立足资源禀赋、比较优势，宜工则工、宜农则农、宜商则商、宜游则游，县域经济全域争先，形成千亿经济强县冲刺梯队。

强化典型培育，增强镇村实力

乡镇是县域的基本单元，也是"百千万工程"承上启下的重要节点。实施"百千万工程"以来，江门突出示范带动，发挥比较优势，提质建设一批工业重镇、商贸强镇、文旅名镇、农业大镇，充分释放镇域发展潜能。

江海区外海街道布局由国家政法智能化技术创新中心、江门市域社会治理孵化中心、江门市市域社会智慧治理技术创新中心、江门市市域社会智慧治理应用示范基地组成的"两中心一基地"和"五维一体"安全应急产业两大重头项目，不断"摸高"、"向新"跃升；新会区大鳌镇2023年登榜农业大镇"国字号"，入选首批国家农业产业强镇名单，出产珠三角超过一半的淡水对虾，水产养殖业年产值达13.48亿元；开平市赤坎镇打造国内唯一一个以华侨文化为主题的大型文化休闲度假项目——赤坎华侨古镇，成功承办中国（江门）侨乡华人嘉年华等大型活动，吸引多个知名综艺节目到场录制，今年国庆假期累计接待游客超25万人次，按可比口径同比增长79.37%。

实施"百千万工程"以来，江门精准画像、分类施策，全力推动镇域发展提能升级，2023年GDP超百亿元的达10个，超50亿元的达24个。9个镇入选2024年全国千强镇，比2023年新增2个。

2024年以来，江门在县域间结对合作基础上，把跨区域合作向镇村延伸探索，创新推动位于市域地理中心的新会大泽、司前，台山大江、水步，开平水口、月山，鹤山共和、址山8镇交通互联、产业互融、设施互用，打造城镇区域一体化发展新模式。2024年江门新增入选的2个全国千强镇均来自"八镇联动"区域，标志着八镇已有半数达到全国千强镇水平，显示联动发展不断取得新突破，成为江门镇域经济发展的主

安全应急产业园

力军、实施“百千万工程”新亮点。

八镇之上，大部分土地承接“三通道”辐射带动，是推进江门东西部协调发展的天平中心、关键地带，累计落户中创新航、隆基绿能、新达新金属等规划产值超百亿元重大项目，2023年八镇规上工业总产值超1000亿元。经初步梳理，八镇打通后批而未用可建设工业用地面积达到2000公顷，足以承载数十个百亿级工业项目，为承东启西的中部崛起夯实坚实基础。

在恩平市全省首个生态产品交易中心，山水林田自然资源被“赋值”，打通“资源—资产—资本”转化通道。实施“百千万工程”以来，该中心联合良西镇9个村（社区）经济组织，合资组建良西福稻公司，整合打造100多公顷的“稻稻薯”现代化种植基地，创造200多个灵活就业岗位，每年增收数百万元，解锁“点绿成金”新场景。

乡村是“百千万工程”的最小单元。江门深入推进新型农村集体经济专项改革省级试点。成立强村富民公司249家，成功探索资源型、土地型、产业型、文旅型、“飞地”型五种类型12个实践模式，打造发展新型农村集体经济江门样板。50%以上村集体经营性收入超100万元，88个村超1000万元。

同时，江门高标准建设“6+20”个省典型镇、“60+200”个省典型村。截至2024年8月，省首批60个典型村谋划项目378个，计划投资总额约5.57亿元；正在培育的200个第二批省典型村已谋划项目498个，已完工304个，在建194个。全市典型镇村建设迈出坚实步伐，呈现可喜变化。

优化城乡环境，绘就和美画卷

圩镇是城乡统筹的枢纽、城乡融合的节点、乡村振兴的交汇地。

走进新会区崖门镇，外形酷似豪华邮轮的美丽圩镇客厅造就独特文化地标，升级改造的蔡李佛综合文化街区，吸引知名快餐连锁、咖啡连锁、品牌服饰等进驻，崖南灯塔公园面朝大海，成为新晋打卡胜地，全国文明渔港日新月异，海上观光、海钓业态丰富……山、泉、湖、海、林交会的魅力崖门，正全力打造美丽圩镇省级示范样板。

实施“百千万工程”以来，江门因地制宜、有序推进美丽圩镇“七个一”建设，努力打造“干干净净、整整齐齐、长长久久”的高品质侨乡美丽圩镇。截至2024年9月底，全市累计统筹美丽圩镇建设项目入库902项，总投资328.09亿元，完成投资152亿元，其中“七个一”项目入库297个、完成投资超19亿元。

美丽圩镇等建设离不开社会力量的共同参与。江门积极推动重点建筑业央企助力县镇村建设，截至8月，5个县（市、区）18个镇与中建集团合作项目198个，总投资约51.66亿元，其中首批项目69个，投资约12.03亿元，已开工项目28个、投资约5.72亿元，为扎实推动美丽圩镇建设注入强大动能。

同时，为加快城乡融合，江门大力推进新型城镇化建设，尤其是加快推动台山市开展以县城为重要载体的新型城镇化建设试点，台城街道老旧小区改造项目入选省级新型城镇化典型案例。

数以万计游客慕名而来，赏璀璨绽放的樱花，游金黄灿烂的油菜花田，看气势巍峨的昆仑山、马耳山，漫步清泉流淌的七瓮井……实施“百千万工程”以来，鹤山市鹤城镇城西村有了翻天覆地的变化，发动热心乡贤出资3000多万元建成樱花大道、揽月亭、明月桥、杜鹃园等节点景观，引入社会资本打造鹤起昆仑田园综合体项目，借力华南理工大学建筑学院、广东省科学院等高校讲好“锦绣城西”文旅故事。

在推进“百千万工程”过程中，江门扎实落实乡村布局、村庄建设、农房风貌“三个规划”，以乡村振兴示范带为主抓手，深入实施乡村建设行动，“邑美侨乡·世遗风韵”获评省十大乡村振兴示范带，93%行政村实现美丽宜居。同时，制定推广《江门市农房设计通用图集》，探索农房风貌提升、“光伏+建筑”应用同步推进，激发新时代乡村振兴万千气象。在村庄绿化方面，截至8月底，全市1056个行政村已新增植树44.57万株。

随着“百千万工程”的纵深推进，民宿产业已经成为广东乡村发展的新赛道和新热点，以及城乡环境提升的重要配套。江门深挖乡村文旅资源价值，积极实施乡村旅游精品工程，结合“江门3.3精彩之旅”城市品牌建设，大力推动乡村酒店（民宿）业高质量发展，推动开平—台山全域农文旅融合发展试点建设。目前，全市登记在册精品酒店（民宿）141家，其中8家入选首批广东省乡村民宿示范点，4家入选广东省首批驿道乡村酒店。2024年“5·19中国旅游日”广东省主会场特意选择在开平市赤坎华侨古镇启动。

韶关：
突出“五个坚持”，全力推进绿美乡村建设

漫步在韶关的村居小巷，目之所及，皆是令人心旷神怡的绿意。公园绿地如星罗棋布般点缀在城市的各个角落，而“四小园”更是如诗如画地镶嵌在房前屋后，仿佛每一处都在诉说着这片土地的生态之美。

自2024年以来，韶关市深入学习贯彻习近平生态文明思想，认真落实省委关于实施“百千万工程”、绿美广东生态建设的部署要求，把绿美乡村建设摆在推进“百千万工程”的突出位置来抓，充分发挥基层党组织战斗堡垒作用和党员先锋模范作用，形成了党员带头干、群众跟着干的乡村绿化良好势头。目前，韶关市99个镇（街）1228个行政村（含部分社区）提前完成县镇村绿化年度建设任务，超额植树134万株、排名全省前列；以典型镇村为重要节点，在全省率先完成全市59个高速出入口和21条国省道干线公路的绿化品质提升。

坚持党建引领，开启绿美乡村建设新篇章

韶关市坚持党建引领，充分发挥基层党组织的战斗堡垒作用和党员的先锋模范作用，形成了“党员带头干、群众跟着干”的乡村绿化良好势头。

四级书记齐抓共管，是韶关市绿美乡村建设的一大特色。市县镇村四级书记均担

仁化县大桥镇大桥村　图 / 杨亦武

任绿美广东生态建设领导小组组长，组建党建引领乡村绿化工作专班，实行实体化运作。他们不仅制定了详细的工作方案，还亲自带领全市党员干部群众参与“五边”“四旁”绿化建设，持续掀起绿美乡村建设的热潮。领导干部包点分片抓，也是韶关市的一大创新。通过出台实施《市县镇领导干部包抓乡村绿化工作方案》，建立“市级领导干部抓县和典型镇、县级领导干部抓镇和典型村、乡镇干部抓村”的制度，推动各级党政机关资源和力量下沉到基层，协调解决乡村绿化工作中遇到的困难和问题。

此外，韶关市还通过“打擂比武”的方式，加强指挥调度，建立“一周一调度、一月一通报”的机制，激励各地在绿美乡村建设中比学赶超、奋勇争先。这一系列系统性的措施，不仅形成了良好的工作氛围，还有效推动了绿美乡村建设的深入开展。

坚持常态长效，打造绿美乡村的“韶关模式”

在绿美乡村建设中，韶关市始终坚持科学规划、科学种植。韶关市编制了详细的图表指引，逐村编制“一图一表一说明”，即村绿化实施示意图、绿化树种明细表、绿化情况说明。同时，还印发了《韶关市乡村绿美建设指引》《韶关市乡村绿化美化手册》《韶关市乡村绿化技术工作手册（试行）》等资料，以图文并茂、案例分析的形式指导镇村推进乡村绿化工作，引导村民把“四旁”“五边”作为重点，多种具有观叶、观花、采果、品香等效果的乡土（珍贵）阔叶树种，累计发放《乡村绿化工作导图》《韶关市乡村绿美建设指引》等资料 7 万余册。

韶关市还充分利用专家技术团队的力量，从市、县两级农业、林业、住建、自然资源等部门组建专家技术团队，对绿化实施方案进行审核，并提出切实可行的技术意见；采取“课堂授课 + 现场教学”的形式，对县级工作专班、专家技术团队、乡镇分管领导、村党组织书记等展开近 12.3 万人次的全面培训，确保绿化工作科学且有序地推进。

在苗木培育方面，韶关市也下足了功夫。韶关组织摸底全市苗木需求和储备，统筹全市的苗圃和林木良种基地，不断创优培育技术，提供更多优质苗木。这不仅满足了绿美乡村建设的需求，还推动了韶关市成为苗木大市。

缔造绿美乡村离不开打造典型示范。韶关市以首批“百千万工程”10 个典型镇、60 个典型村为重点，优先推动基础条件好、党组织战斗力强、群众支持的镇村组户，见缝插绿、留白增绿、拆违还绿，打造绿美示范点。如， 广东省典型村乐昌市北乡镇东红村因地制宜打造了一条绿化美化示范路、一片绿美东红示范带、三处绿美生态主题林，形成具有村域特色的“微森林”；广东省典型村仁化县董塘镇新龙村结合农村人居环境整治，对村内卫生死角、杂物垃圾乱堆乱放等进行彻底清理，腾出绿化空间，通过阳台植绿、庭院绿化等方式开展立体绿化，新建“四小园”和美丽庭院 105 个；围绕典型镇村高品质打造干线公路绿美景观廊带，推动仁新高速公路、国道 G220 线始

翁源县新江镇蛇子朱村　图 / 黎丽园

兴段和省道 S250 线乳源桂头段先行创建省级绿美公路。

坚持发动群众，共绘绿美乡村的壮丽画卷

绿美乡村建设离不开广大群众的参与和支持。韶关市坚持党建引领，广泛发动群众，通过制定《农村基层党组织和党员乡村绿化“十个一”工作指引》、发放倡议书、组建乡村绿化党员先锋队等方式，引导群众积极参与绿美乡村建设。

在植树方面，韶关 5.48 万名农村党员在乡村绿化中发挥“五带头”作用，以“党建红”引领“乡村绿”。同时，当地还深入开展全民植树公益行动，通过捐资捐物、认种认养等方式，引导全市党员、爱心企业、外出乡贤、创业青年、广大村民等积极参与绿美乡村建设。目前，已发动韶关全市干部群众超 200 万人次参与，募捐 7040 万元，营造了“全民参与、全民共建、全民共享”的良好氛围。

此外，韶关市还注重打造主题林，将绿化工作融入移风易俗和群众日常生活中。他们引导群众在子女出生、升学、嫁娶、乔迁新居、个人创业、企业投产等节点植树留念，积极赋予植树造林文化内涵。如今，韶关市已建成了"巾帼林""同心林""亲情林""喜事林"等各具特色的主题林，为绿美乡村建设增添了更多的文化内涵和人文气息。

坚持常态长效，确保绿美乡村建设的持续发展

绿美乡村建设不是一朝一夕之功，需要长期的努力和坚持。韶关市深知这一点，因此在建设绿美乡村过程中十分注重建立健全的管护机制，确保绿美乡村建设的持续发展。

韶关市坚持"三分种七分管"的原则，在镇级制定镇区基础设施长效管护机制方案，明确管护目标、质量要求、管护方法、操作规程及应急保障机制。在村级建立巡查管护常态化机制，将参与乡村绿化工作情况列入村规民约、村民积分制兑换内容，确保"造一片、成一片、绿一片"。

同时，韶关市还完善管护网格，依托农村三级党建网格，发动村"两委"干部、党员、护林员、志愿者充实网格力量，划定乡村绿化管护片区，建立责任包保机制，将管护责任落实到个人。此外，他们还加强技术指导，为每个村（涉农社区）至少配备1名专家或技术人员"点对点"指导联系，帮助提升绿化管护的科学性、有效性。

坚持有效转化，将绿美资源变为美丽经济

绿美乡村建设不仅美化了乡村环境，还为乡村经济发展注入了新的活力。韶关市牢固树立"绿水青山就是金山银山"的理念，充分挖掘镇村绿化美化中蕴含的价值，大力开展招商引资，加快推动田园变公园、农房变客房、乡村变景区的发展步伐。

他们大力发展"绿美+特色农业"项目，重点发展竹子、中药材、油茶等特色产业。

省级森林康养基地——新丰云天海森林康养基地

如今，韶关市2024年前三季度林业总产值已达到155.7亿元，同比增长9.31%。其中，长坝沙田柚在2023年首次出口欧盟，韶关乐昌市的黄金柰李也成功打入欧盟市场，一盒2斤装8颗的黄金柰李卖到24.39欧元（折合人民币超190元）。

韶关市还大力发展“绿美+文旅”项目，引导镇村将绿美资源与农旅、民俗美食等资源相结合，打造文旅产业链。如今，韶关市的绿美乡村已成为游客们向往的旅游目的地之一。同时，他们还大力发展“绿美+康养”项目，新增、提升公园绿地4万平方米，建成多个森林乡村、绿美古树（红色）乡村和省级森林城镇，开发森林康养线路3条，认定省级以上森林康养基地（含试点）21个，数量居全省前列。

绿美乡村建设不仅美化了乡村环境，还提升了乡村的经济价值和文化内涵。展望未来，韶关市将继续以“百千万工程”为牵引，深入推进绿美乡村建设，为打造生态优美、宜居宜业的美丽乡村贡献更多的韶关力量。

（韶关市“百千万工程”指挥办、韶关市委组织部对本文亦有贡献）

湛江：
县域经济与美丽乡村双轮驱动

2024年，是广东“百千万工程”迈向“三年初见成效”目标的关键一年。湛江，这座位于粤西沿海的城市，正以其独特的地理优势和深厚的文化底蕴，加压奋进，不断创新，力求在“百千万工程”中取得新成效。通过乡村振兴示范创建和县域经济发展的双轮驱动，湛江正逐步探索出一条具有地方特色的高质量发展之路。

县域经济：产业园区领头，激发经济活力

县域作为城乡区域协调发展的前沿阵地，是“百千万工程”的主战场。湛江在2024年初便展现出强劲的发展势头，一系列招商引资项目相继落地动工，为县域经济注入了新的活力。

2024年3月，在徐闻县一场以“与海南相向而行”为主题的重大项目集中开工暨签约活动，拉开了湛江全年县域经济发展的序幕。8个项目集中开工，16个项目集中签约，总投资额高达402.93亿元。廉江市也不甘示弱，第一季度招商项目签约暨重点项目集中动工活动上，38个项目签约、动工，总投资额达48.02亿元。坡头区则依托“制造业当家”春季招商大会，签约总投资额逾50亿元的重点项目，为区域经济增添了强劲动力。湛江各区都掀起了热烈的招商热潮。

"百千万工程"引领湛江小家电产业再奋进。图为华强电器电饭煲智能装配线

产业园区作为县域经济的主战场，湛江自然不会忽视，目前该市正加快构建以湛江大型产业集聚区和一县（市、区）一省级产业园区的"1+N"发展新格局。在廉江市，围绕培育百亿级智能家电产业集群，家电上下游配套产业链不断完善，创新生态示范片区逐步成形。廉江以良好的产业生态和"保姆式"服务引进了长三角、大湾区等一批延链补链强链项目，把广东美迦智创园项目、龙健保税物流园项目等打造成为具有辨识度的标志性成果，引领廉江小家电产业升级和发展，以特色产业经济赋能推进"百千万工程"实施，成就廉江小家电产业再奋进。

坐拥中国大陆最南端的湛江自然不会放弃海洋经济这个发展热点，在湛江坡头区，该区则抢抓海洋经济发展机遇，"锚定百千万 四季看变化"坡头点位是湛江（坡头）海工装备产业园婆港岭片区和龙头镇莫村"渔稻好时光"乡村振兴示范基地。围绕"湛江市现代化海洋牧场建设先行区"定位，坡头区依托湛江湾实验室平台优势，重点布局海洋工程装备、海洋渔业装备、海洋新材料、无人船舶制造等海洋战略性新兴产业，聚力攻关海洋科技，加足马力打造现代化海洋牧场高地。据了解，近年来湛江不断重点布局海洋战略性新兴产业，打造现代化海洋牧场高地。比如，湛江依托湛江湾实验室科创平台优势，探索“实验室+平台公司”共建运营模式。目前，已推动广东恒兴集团有限公司、广东海威农业集团有限公司等8家海洋牧场产业链龙头企业携手湛江湾实验室，以“技术共享、市场共营”形式，打造海洋牧场创新联合体“平台公司”（广东恒燚海洋产业发展有限公司）。以平台公司为支点，建成湛江市首个海洋专业孵化器——湛江湾海洋孵化器，为初创型海洋科技企业提供办公空间、研发支持、市场推广、投融资对接等一站式服务，已吸引13家高新技术企业“入室孵化”，累计注册资金超过8.6亿元。

此外，湛江各县（市、区）积极建园区促经济，如麻章区深国际·湛江综合物流港项目竣工，实现湛江“高标仓”零突破；雷州市、吴川市等项目亦接近尾声，各园区竞相发展，活力四射。

2024年7月31日，湛江市在廉江市举办了“百会助百镇 千企帮千村”助力“百千万工程”工作推进会。会上要求各商协会会长应发挥引领作用，特别是大型商会要先行一步，以项目为牵引，迅速找准并实施帮扶项目，力求短期内见到成效。同时，湛江市建立健全与商协会的常态化沟通机制，以及走访服务工作机制，以深化“百会助百镇”的工作内涵。此外，湛江市还呼吁各商协会、乡贤及企业家继续坚定对家乡发展的信心，积极携带资金、人才和技术回归，投资更多优质项目，为湛江的“百千万工程”增添浓墨重彩的一笔。

近年来，湛江市致力于高质量发展，将“百千万工程”作为头号工程来推进。自2023年启动“百会助百镇 千企帮千村”工作，湛江围绕各阶段主题，广泛动员民营经济领域力量积极参与，为“百千万工程”的实现奠定了良好开局，也为湛江的乡村振兴工作作出了积极贡献。据不完全统计，自活动启动以来，湛江市已有88家商协会及民营企业参与结对共建，涉及98个镇村，开展了多场次的交流互访、实地考察及招

湛江以县域经济发展和美丽乡村建设的双轮驱动，推进“百千万工程”。图为遂溪县岭北镇

商推介活动，累计捐赠金额约 8733.8 万元，投资类项目超过 100 个，其中涉农文旅项目类投资金额约 10 亿元。

农文旅融合，建设现代化岭南新乡村

在建设现代化岭南新乡村的过程中，湛江注重提升乡村的“颜值”和“内涵”。通过乡村道路“白改黑”、乡村游园建设、长者饭堂设立等措施，改善乡村基础设施和公共服务条件。同时，结合美丽廊道、田园风貌和休闲小公园等景观建设，提升乡村的整体风貌和宜居水平。

走进吴川市黄坡镇郑屋村，绿树成荫，小公园生机勃勃，展现和美乡村风貌。郑屋村集体经济活跃，通过土地流转等方式增收，同时注重生态智能治理，将垃圾污水处理设施打造成兼具实用与艺术价值的小景观。借助“百千万工程”，郑屋村形成党群共建机制，推进绿美乡村建设，提升乡村风貌，种植500多棵绿树形成绿化景观带。

与此同时雷州市龙门镇乡村振兴示范带建设正酣，总长16公里，串联多个产业项目，涵盖冷链物流、果菜批发、旅游观光农业等。禄马村资源丰富，以种植、林业为主，引入海康梦工厂田园综合体项目，占地近1000亩，已于2024年1月开工。该项目融合一二三产业，设立智慧农业、精品农业等区域，旨在带动当地农产品种植，并打造特色文化旅游休闲区和亲子研学基地，以休闲农业为导向，融合田园观景、自然生态和本土特色资源。

在推动县域经济发展的同时，湛江也注重美丽乡村建设，通过农文旅融合发展，为乡村振兴注入新的活力。

霞山特呈岛、赤坎老街、徐闻爱情角、东海岛海豚、遂溪孔子文化城……湛江文旅资源丰富，滨海景观更是得天独厚。2024年湛江提出打造“鲜美湛江”，结合“百千万工程”推进，文旅发展步入快车道，一个个文旅项目落地实行，走出了一条农文旅融合发展的道路。

徐闻县以其独特的地理位置和丰富的文旅资源，围绕“大陆南极村、最美爱情角”的发展定位，推进灯楼角标志性点位改造升级，构建南极村特色文旅产业链。世界爱情角520乡村振兴音乐季和七夕庆典等活动的举办，吸引了大量游客前来观光旅游，带动了当地经济的发展。

霞山在特呈岛实施了“百千万工程”，重点打造三个标志性项目：特呈岛温泉度假村升级改造、八音湖水上游乐、特呈岛农业种植观光园。2024年5月，温泉度假村一期开始改造，7月1日复业，环境大幅提升，营业收入增长约37%，并吸引更多游客。随着项目推进，特呈岛旅游交通、服务、观光农业及基础设施逐渐完善，岛上民宿受益明显。潮汐小院民宿自2024年4月开业以来，已接待游客约2500人次，拉动消费

30 多万元，同时为村民提供就业岗位，发展村集体经济。该民宿是霞山区实施“百千万工程”及绿美霞山生态建设的一部分，旨在打造省级旅游示范区。

2024 年 10 月 1 日，赤坎区的赤坎老街旅游景区正式揭牌 3A 景区。赤坎老街曾借助网剧《隐秘的角落》的热播，成为游客感受传统文化之美和复古风潮的热门景点。赤坎区秉持“修旧如旧”的原则，对古商埠历史文化街区开展保育活化项目，6 个古码头改造和广州湾商会旧址、静园等 41 个点位改造已经完成，残缺破损的旧建筑焕发新活力，咖啡、古玩、汉服等商家纷纷入驻，为老街带来了新的生机。

此外，湛江经济开发区创新打造“红树林 + 中华白海豚”文旅模式；雷州市有序推进历史文化街区曲街示范段改造、雷祖祠修缮项目；廉江鹅街投入运营、遂溪醒狮系列活动火热开展等，吸引了越来越多的游客，湛江正逐步成为国内文旅市场热门目的地。

湛江在“百千万工程”的推进中，通过县域经济发展和美丽乡村建设的双轮驱动，走出了一条具有地方特色的高质量发展之路。未来，湛江将继续加压奋进，不断创新，力求在“百千万工程”中取得更加显著的成效，为广东乃至全国的乡村振兴和区域协调发展贡献更多的湛江智慧和湛江力量。

茂名：举全市之力抓实“百千万工程”

2023年以来，茂名市牢记习近平总书记殷殷嘱托，围绕广东省委“1310”具体部署，举全市之力抓实“百千万工程”，推动全市力量聚起来、产业兴起来、城乡旺起来、环境美起来、发展好起来。

激活“土特产”，链式思维强产业

作为广东省首个农业总产值超千亿且连续4年超千亿的地级市，茂名以做强“土特产”作为推进“百县千镇万村高质量发展工程”出新出彩的主要抓手之一。在“五棵树一条鱼一桌菜”引领下，越来越多的“土特产”被激活汇聚，竞标争先风气蔚然成风，为茂名实施“百千万工程”提供强大支撑和动力来源。

近年来，茂名市委、市政府以荔枝为“头部”农产品，围绕荔枝、龙眼、化橘红、沉香、三华李、罗非鱼、高凉菜等茂名独具特色和发展潜力的优势产业，着力强链延链补链，在优化品种结构、冷链保鲜、渠道拓展、品牌建设、电商培育、精深加工、农文旅融合等方面下功夫，持续推动“五棵树一条鱼一桌菜”全产业链提质升级，已打造了荔枝、化橘红、罗非鱼等百亿产业集群，推动农业“大”而更“强”，实现特色产业集聚成势、全链发展、高质高效。

东华能源茂名项目装置区

立足资源禀赋、产业基础，茂名系统性谋划产业转型升级、做强做优之路。抓制造业“五链共建”，依托茂名石化、零碳产业园、欣旺达电白基地、马店河新型储能产业园、华南钛谷五大链主，新引进超亿元项目53个，茂名石化升级改造项目开工建设，东华能源（茂名）项目一期一阶段3套装置建成投产，欣旺达汽车电子项目一期建成投产、正加快二期建设；“湾区研发+茂名制造”模式成功落地，研发在深圳、制造在茂名的清荷新材料项目建成试产。一批代表新质生产力的新产业、新项目加快布局。抓产业协作补链强链，茂名主平台成为全省5个重点建设的主平台之一，佛茂合作园建成标准厂房27万平方米，申菱环境、中财管道、佛山照明、国星光电等优质项目签约落地，总投资超56亿元，县域经济的产业版图进一步拓展。抓特色产业全链发展，做强6个国家级、19个省级现代农业发展平台，全产业链做好“五棵树一条鱼一桌菜”土特产文章，总产值527亿元，带动约60万人就业增收。打造了具有茂名属性、代表诚信品质的“信”字号公用品牌。3个县地区生产总值进入全省前20，4个镇入选国家农业产业强镇名单。

“木桶思维”补功能，推动城镇强起来、人气旺起来。聚焦“吸引人”和“留住人”两大主题，大力推进以县城为重要载体的新型城镇化，完善功能配套，增强城镇吸引力、承载力。办好教育，与省内知名院校合作共建的华师砺儒高中、省实茂名学校等4所高中落成开学，新建扩建中小学校40所，新增学位2万多个。建强医院，中山六院粤西医院建成投用，争创粤西及桂东中心医院；中山大学与高州结对共建获阶段性成果—高州人民医院成为全国首家通过干细胞临床研究“双备案”县级医院。2023年，全市县域住院率92.6%。搞活商圈，化州、茂南万达广场建成开业、成为消费新爆点；独具县域特色的6个示范墟开墟迎客、“墟经济”火出圈，窦州墟开业至今客流量超400万人次，乡镇夜市带动消费新场景、城镇“烟火气”，聚人聚商聚产效应持续激发。集聚人口，2023年，茂名城镇化率同比提升1.5个百分点。高州城区近三年商品房销售中，农民购房占66%，城区新增落户7万人。

“群众思维”优环境，推动风貌美起来、农民富起来。坚持新时代群众路线，做好垃圾污水处理、环境整治、风貌管控提升三篇文章。坚持“圩”有“圩”的味道、“村”有“村”的乡愁、“房”有“房”的风格，创新农房管控“二十四字”工作机制，完成农房微改造10万多户，农村生活污水治理率达66%，“美丽宜居村”超过70%，城乡环境“干净整洁、平安有序”。精心绘制绿美茂名“一张图”，发动群众开展“四旁”“五边”乡村绿化植绿55万多株，绿的就是美的理念日益深入人心。“2县7镇59村”入选首批典型县镇村名单，1镇2村入选全国乡村治理示范镇村，打造6个示范带、14条示范线路和120个示范点位。培育了柏桥村、双合村等共富先行村，建成乡村微工厂190个，帮助万名农民在“家门口”就业。2023年，农村居民人均可支配收入同比增长6.3%，城乡居民收入比由2022年的1.53缩小为1.48。

高州市“甜美果海”示范带途经根子镇、分界镇、长坡镇、深镇镇，曾获 2022 年度“广东省十大乡村振兴示范带”光荣称号。

“解题思维”谋改革，推动要素畅起来、发展活起来。把改革创新作为“百千万工程”鲜明底色，多项改革经验被中央、省推介或入选典型案例。打造“小切口”改革品牌，在 2023 年谋划 17 项小切口改革基础上，再谋划 9 项改革，激发了多个领域“切口小见效快、一项改革解一道难题”的小快灵效应，司法惠民服务中心等 5 项改革创新经验在全国层面推介，“一四五”工作法、农房管控“二十四字”工作机制等被纳入省“百千万工程”集成式改革，2 项改革案例入选全省 20 个发展新型农村集体经济典型案例，高州获批创建全省首个农业农村现代化改革创新实验区。大力推进全域土地综合整治，破解空间布局无序化等“四化”问题。

全市"一盘棋"，系统思维抓协同

以"百千万工程"为抓手，茂名高州紧紧围绕县城龙头，扎实做好"产、城、人"三篇文章，以产兴城、以城聚人、以人兴业的新型城镇化建设成效显著。

聚焦产城融合，以产业兴城。按照产城融合发展的思路，高州在城区周边预留工业用地建设工业园区。划定5364亩土地纳入佛山（茂名）产业转移合作园（高州片区）建设范围，顺利承接中财管道、申菱环境、佛山照明、国星光电等重大产业转移项目15个。突出抓好城区周边的城东、蒲康、金山等工业园区建设，加快推进征地扩容、用地盘整和标准厂房建设，引进优质企业落户，创造更多就业机会，留住城区居住人口、引导外出务工人员回来。

构建"党委管总、指挥部主战、专班主建、全市一盘棋"指挥体系，茂名市委常委会坚持每周听取一个镇街工作汇报，建立市委约谈镇街工作机制，推动各级动起来、干起来，较好承办了省"百千万工程"首次现场会。统筹用好省纵向组团帮扶，佛山、珠海横向对口帮扶，"双百行动"以及重点建筑业央企助力等帮扶力量。抢抓佛茂协作机遇，茂名100个村与佛山100个村、100家企业"村企共建、村村结对"，帮扶项目226个。173家建筑企业与86个乡镇结对帮扶，合作项目150个。50个乡镇与中建集团、中交集团等重点建筑业央企结对，共建项目145个。创新开展"百会帮百镇"，143家商协会与112个镇街结对，帮扶项目285个。

接下来，茂名市将深入学习贯彻总书记视察广东、视察茂名重要讲话重要指示精神，抢抓机遇、乘势而上再出发。一是"点线面"梯次推进，典型县镇村、示范墟、示范点串点成线、连线成片、聚片成面，奋力推动"百千万工程"加快由"点上出彩"向"线上贯通、面上铺开"拓展。二是"县镇村"协同融合，做强县级"承载点"，建好镇级"联结点"，做活村级"资源点"，建设产业兴旺、美美与共的新城乡。三是"省市校"借势借力，推动"双百行动"、佛茂协作成果向纵深拓展。四是"小切口"精准改革，激发活跃的创造。五是"城镇化"能级跃升，加快"茂名新城"成形成势，带动城市

佛茂指挥部 2023 年 6 月 9 日进驻茂名，佛山茂名携手共建产业转移合作园，打造产业有序转移“佛茂样本”。
图／梁伟镇

精明增长、县域振兴，推动茂名“百千万工程”走深走实、加力提速、全面突破。

跑出“加速度”，因地制宜促发展

在“百千万工程”推动下，茂名的乡村大地，正悄然间发生着巨大变化。

茂名滨海新区充分挖掘“海洋优势”，推动海洋文化、海洋旅游、海洋产业高质量发展，助力“百千万工程”走深走实，跑出滨海“加速度”。高规格办好“冼夫人号”首航归来仪式、癸卯年（2023 年）纪念冼夫人诞辰活动、茂名马拉松赛事保障工作和开渔节等系列重点文化工作，同时传承开展“龙腾盛世 共贺新春”送福送春联活动、“高凉曲韵”戏曲进乡村、“送文艺进校园”等逾 20 场文化惠民活动，受众达 3 万余人次，群众反映热烈。推动文旅项目有序健康发展，加快推动星级酒店评定、推动民宿高水

高州市与华南理工大学在分界镇建设首个以"数据驱动、信息赋能"为主题的线下智慧乡村数字体验展厅。

平发展，丰富新区旅游业态。引导放鸡岛景区加快招商引资，推动解决冼太故里景区发展面临制约问题，活化冼太文化，推动冼太故里景区、浪漫海岸景区申报国家5A级景区。

高新区引导广大民营企业积极参与"百千万工程"。深入实施党建引领村企结对项目，持续深化"组织建设联抓、党员干部联动、党建活动联办、发展项目联推"的"四联"机制，引导企业通过资金帮扶、走访慰问、爱心助学等形式对村开展帮扶，鼓励各村利用自身劳动力、种植业发展等优势支持企业生产发展。

2024年来，高州市坚持问题导向，深度结合各镇村培育创建工作实际，聚焦组织领导、培育创建、督查指导等方面，推动构建集成式工作机制，充分发挥改革"组合拳"

作用，加压加力、提速提效，推动典型镇、典型村培育创建工作走深走实。建立上下结对帮扶机制，开展市直单位党组织助力“百千万工程”“五个一”活动，每周五组织干部职工到结对镇村开展集中整治行动。深入推进纵横向帮扶协作，充分发挥智力支撑作用，推动企业深度参与镇村建设，充分发挥群众主体作用，明确推进“村村结对、村企共建”、推进“百会帮百镇”和“千企帮千镇、万企兴万村”提质升级行动，推进实施乡贤“反哺家乡”六大行动，实施建筑业提升行动、工会消费帮扶、各方社会力量投身“百千万工程”等具体工作。

信宜市深入实施“百千万工程”，围绕县域这个关键，着眼增强县城承载能力，以玉都新城建设为抓手，大力推进以县城为重要载体的新型城镇化建设。目前，已编制并落实粤西首个县域城市设计《信宜市玉都新区城市设计》，规划面积18平方公里，形成北部山水居、中部现代城、南部活力湾三大功能片区，构建了“青山在城、绿美水廊、现代活力、人间烟火”的城市特色，高质量建设生态发展区的现代活力之城。

化州通过开展农村人居环境整治，完善公共基础设施，提升乡村建设水平，加强农文旅产业融合发展，打造更多诸如新安镇新塘村、笪桥镇柑村、南盛街道平垌村等美丽宜居村点位。积极培育乡村休闲旅游特色品牌，推动乡村休闲旅游业高质量发展，踊跃申报认定省级休闲农业与乡村旅游示范单位。

阳江：
力促县镇村高质量发展新突破

阳江紧扣省委“1310”部署与市委“433”安排，深化“千万工程”经验，锚定“争做典型”目标，集聚精力、配置力量、倾斜资源于“百千万工程”，用高角度谋划发展布局，培育新质生产力，力促县镇村高质量发展新突破。

强化谋篇布局，因地制宜培育典型

阳江市科学分类引导乡镇差异化发展，按照《广东省乡镇（街道）分类办法》，结合实际对全市48个镇街进行精准分类并立足各镇特色，落实一镇一方案。2023年，阳江遴选了东平镇、春湾镇和沙扒镇3个典型镇，2024年优先从中心镇、专业镇和特色镇中遴选推荐第二批典型镇，包括北惯镇、合山镇、岗美镇、合水镇、程村镇5个中心镇，大沟镇、红丰镇、平冈镇等5个专业镇以及八甲镇、新墟镇、闸坡镇3个特色镇，以“典”带面增强乡镇辐射带动作用。

阳江市坚持创新驱动发展战略，深化科技创新体制机制改革，不断优化营商环境，用心用情为企业服务，推动更多企业做大做优做强。同时，加快交通基础设施建设，确保阳信高速公路按时建成通车，以更好地承接大湾区辐射。在推进“百千万工程”中，阳江市注重发动群众积极投身家乡建设，强化典型示范作用，加快县镇村高质量发展。

阳江以高规划强化发展布局，以“典”带面增强乡镇辐射带动作用。

为了加强技术指导，阳江市出台了《阳江市“百县千镇万村高质量发展工程”城镇建设领域专家团队议事规则》，争取省级技术单位支持，建立长效对口帮扶保障机制，高标准打造一批中心镇、专业镇、特色镇。这些举措为阳江市的高质量发展提供了坚实的规划和技术支持。

农产兴旺，推动县镇村高质量发展

阳江地理位置优越，物产丰富，是广东省多个重要农产品的产区，拥有高森林覆盖率和珍稀物种基因库，以及多个国字号品牌和地理标志保护产品。

为升级现代农业产业，阳江聚焦八大核心任务，涵盖产业集群壮大、海洋牧场现代化、食品工业培育、文旅产业高端化等，同时优化县域商业服务，强化品牌影响力。计划引入超45个产业转移项目，致力于构建“绿能之都、海丝名城”，并推进22项海洋牧场项目，如“深蓝试点”，辅以“粤食越好 粤品世界”行动，助力文旅特色镇村建设，实施县域商业提升，认证“阳江老字号”。

在战略引领下，阳江稳步前行，将规划蓝图变为现实。农业领域成果斐然，如阳春市水稻示范区高产突破，阳东区金鲳鱼产业供应链高效。

阳江，这座“鼍城”，陆海并进，展现农业资源与潜力，得益于优质种质的广泛应用。阳江市委、市政府高度重视粮食安全与种业发展，通过种质资源普查、良种选育推广，促进三产业融合，加速“百千万工程”。

阳江在第三次全国农作物种质资源普查中贡献显著，提交164份资源，115份入国家库，特别是在濒危树种保护上展现生物多样性保护决心。2023年，尽管面临自然灾害，粮食产量仍创历史新高，特色产业蓬勃发展，现代农业园区与名牌农产品不断增多。依托科研，加强新品种研发，推动全产业链发展，采用“公司 + 农户”模式，促进产村融合，农民增收。合山镇花卉苗木产业即为明证。

当前，阳江正加速种业集聚，建立20个市级现代农业产业园，阳春澳洲坚果产业园的成功展示了全产业链发展的潜力。同时，加强岸海联动，打造海洋牧场全产业链，发展水产品深加工，整合资源培育现代种业企业，以科技创新激发农业绿色活力，助力乡村产业振兴。

新质生产力，赋能海洋牧场全产业链

在浩瀚的海域之上，钢铁铸就的巨型叶轮缓缓旋转，将阵阵海风高效转化为绿色电能；而在波涛之下，智能化的监控平台时时刻刻地监管着鱼类的养殖状况，成功破解了深远海养殖的诸多难题，引领绿色渔业向深海领域稳健迈进。阳江市明阳海洋渔业的创新之作——“明渔一号”，巧妙融合了风能技术与渔业生产，圆满完成了海上的安装部署及养殖试验任务。

作为广东省七个率先推进现代化海洋牧场建设的城市之一，阳江拥有规模最大的国家级海洋牧场示范区，其深远海的捕捞生产能力在广东全省领先，已构建起以种业为特色、养殖业为核心、配套产业为支撑的海洋牧场产业体系，正加速推进的现代化

阳江构建“绿能之都、海丝名城”，并推进多项海洋牧场项目。图为大镬岛海域的深海网箱养殖基地
图／梁文栋

海洋牧场项目，已然成为驱动阳江高质量发展的强劲“蓝色引擎”。

阳江市充分利用其得天独厚的海洋资源优势，积极投身绿色能源的新赛道竞争，聚焦于绿色能源与新型储能技术、海洋牧场开发、生物医药产业等多个领域，加速催生新的生产力形态。在全球海上风电版图上，中国阳江占据了举足轻重的地位。自2017年10月，阳江市海域首根海上风电桩成功打入海底以来，阳江便乘风破浪，以打造广东省（阳江市）国际风电城为核心战略，从零开始，构建起全球范围内产业链最为完整、配套设施最为齐全的千亿级海上风电产业集群，截至目前，其海上风电在建装机容量稳居全国首位。阳江依托独特的区域位置与产业基础优势，通过新质生产力全面赋能海洋牧场的全产业链条，精心布局海上风电、临港工业、海洋渔业、滨海旅游四大板块，加速推动海洋产业的转型升级，为城市的高质量发展注入了更为澎湃的“蓝色动能”。

与此同时，作为海上丝绸之路上的重要节点，阳江市坚守“陆海一盘棋”的发展理念，遵循“陆海一体化”的发展规律，不断强化港口资源与陆域经济发展的深度融合与互动，致力于打造一个现代化的港口物流服务体系。另外，阳江以“百千万工程”为引领，优化营商环境，强化全方位服务、全链条支持，高标准推进乡村振兴，承接大湾区辐射，打造西海岸重要支点，力争在农业农村现代化中谱写新篇章。

强化圩镇建设，提升人居环境品质

圩镇建设不仅提升了镇村人居环境，还促进了当地经济社会的全面发展，为打造宜居宜业的美丽城乡奠定了坚实基础。

走进阳西县沙扒镇，美丽圩镇会客厅以蓝色海洋元素装点，宽敞明亮，集人文介绍、特产直播、餐饮休闲于一体，为游客提供多功能空间。自2023年入选省“百千万工程”首批典型镇后，沙扒镇全面提升人居环境等，顺利完成“七个一”建设项目，成效显著。

阳江聚焦民生，推进人居环境整治，印发专项行动方案，完成“六乱”整治4.4万余宗，开工建设补短板项目71个。从环境整治、风貌提升、美丽圩镇建设、绿化美化四方面入手，新增75个以上自然村生活污水治理工程，推广“一户一宅”机制，建设森林城镇等，种植树木超26万株。

目前，首批3个典型镇已完成“七个一”建设，2024年新增11个典型镇全面开工，计划10月底建成。全市38个乡镇完成166项建设，新增绿化面积96.77公顷，种植树木152359棵。同时，印发风貌管控提升行动方案，规划建设32条风貌示范带，推动形成协调美观的城乡风貌。

农文旅融合，描绘乡村振兴新图景

农文旅融合发展，是新时代乡村振兴的重点，也是实现区域协调发展的重要举措。

阳江通过加快国家现代化农业示范区建设、支持阳春坚果生产加工基地建设、积极发展乡村民宿、休闲观光、健康养生等新产业新业态等措施，实现了生态效益和经济效益“双丰收”。

行驶在通往阳春市春湾镇自由村的道路上，目之所及，尽是一片连绵不绝的喀斯特峰林景观。驻足于自由村之内，眼前展现的是广袤相连的稻田、四周环绕的古木参天，以及一条沿山脚蜿蜒伸展的古栈道。高村自然村作为一个明代古村落，于 2019 年成功入围“广东十大魅力古树乡村”评选，并荣获“广东省最美乡村”的称号。如今，借助旅游产业的蓬勃发展，高村已成功摆脱了贫困村的标签，一跃成为乡村旅游的新晋热门目的地，即“网红”村庄。放眼全市，阳江农文旅产业融合的村庄越来越多，“让农村成为安居乐业的美丽家园”的梦想照进现实。

从更广阔的视角来看，阳江市内越来越多的村庄正逐步实现农业、文化与旅游产业的深度融合。这一趋势不仅让“让农村成为安居乐业的美丽家园”的梦想逐步照进现实，也为乡村振兴注入了新的活力与动力。

阳江市在推进“百千万工程”中，坚持以人民为中心的发展思想，注重因地制宜、科学规划、产业兴旺、新质生产力赋能和农文旅融合发展等措施的落实。展望未来，阳江市将继续以“百千万工程”为牵引，以营商环境年建设为抓手，加强全方位服务、全链条支持、全要素保障，高标准推进乡村振兴和农业农村现代化实践中的“阳江样板”打造工作。

河源：
聚焦“百千万工程”打造绿色崛起“三大样板”

河源市位于广东省东北部，拥有得天独厚的自然条件和丰富的生态资源。这里山清水秀，森林茂密，被誉为“粤东宝库”和“华南生物基因库”。在深入实施“百千万工程”中，河源推动制造业转型升级再加速，不断释放高质量发展新动能。2024年以来，河源全力打造加快实现绿色崛起的现代化产业体系河源样板、城乡融合发展河源样板、“绿富双赢”河源样板“三大样板”，以热火朝天的生动实践推动高质量发展步步向前。

在2024年9月召开的河源市委八届八次全会第一次全体会议上，河源市委书记何国森表示，2024年上半年，河源锚定加快实现绿色崛起使命任务，以打造“三大样板”为牵引，上半年河源地区生产总值增长2.3%，1—8月规上工业增加值增长6%、工业投资增长16.9%、进出口新增长11.2%，经济社会发展保持稳中向好态势。

发展壮大千亿级百亿级产业集群

当前，河源正以坚持“制造业当家”的决心，不断壮大主导特色产业，加快打造千亿级电子信息产业和水饮料及食品、先进材料、机械与模具3个百亿级产业的“1+3”产业集群，挺起高质量发展的“硬脊梁”。

作为“十四五”时期全省新一代电子信息产业集群发展重点城市之一，河源市高

东源县柳城镇万绿智慧农场　图／河源市政府门户网

度重视电子信息产业的发展，抢抓省做大做强珠江东岸电子信息产业带的战略机遇，不断优化营商环境，完善配套设施建设，积极引进产业项目，大力培育产业龙头，着力完善产业链条，加速推进产业集聚。数据显示，河源市电子信息产业产值正在迅速向千亿级攀升，水饮料及食品产业、先进材料产业产值也在加速向百亿级迈进，机械与模具产业产值已经突破百亿元大关。

在一系列政策加持下，河源先后吸引了一大批企业集中“抢滩”落户，其中，中兴通讯、中光电、西可通信、景旺电子、精电显示、卓翼科技、航嘉集团等一批龙头领先企业的落户，为河源市电子信息产业的发展注入了强劲动力。

除了电子信息产业，河源市还在积极打造水饮料及食品产业集群。河源市坐拥华南地区第一大人工湖——万绿湖，这一得天独厚的自然资源为河源发展水饮料及食品产业提供了巨大优势。为将绿水青山转变为金山银山，河源市在《河源市产业发展规划（2021-2030）》中明确提出，将水饮料及食品列为现代农业与食品重点发展的领域，并在河源国家高新区深河产业城A区规划建设了8.3平方公里的水经济产业园。

河源市通过提供用地、用水、用气、投资、技改等方面的优惠奖补政策，以及完善物流、住宿等服务配套设施，全力支持水饮料及食品产业的发展。这一系列的努力换来了实实在在的成果，农夫山泉、今麦郎、华润怡宝、白象、紫泉饮料等国内行业领军企业接连投资落户，本土品牌如东源正能量饮用水、龙川霍山矿泉水等也加速崛起。

如今，河源市水饮料及食品产业已初具规模，2023年规上工业企业达38家，实现规上工业总产值88.42亿元，同比增长9.2%。包装饮用水企业全年累计营业收入40.5亿元，位列全国各地级市第二名。河源已成为水饮料及食品产业的投资热土，未来将继续坚定目标，不断扩大产业规模，推动经济高质量发展。

在制造业领域，河源市同样表现出强劲的发展势头。近年来，随着珠三角产业转移，河源已成为机械与模具企业的首选外溢地。河源国家高新区已引进龙记、华益盛等知名龙头企业，形成完整的产业链条，为国内外知名车企提供服务。2023年，河源市机械与模具产业规上企业达101家，总产值突破百亿元大关，同比增长5.79%。2024年以来，河源市机械与模具及先进材料产业均保持增长态势。未来，河源市将继续锚定高质量发展目标，河源市的发展壮大千亿级百亿级产业集群，以更加开放的姿态，更加务实的举措，推动产业转型升级，全力打造独具特色优势的现代化产业体系河源样板。

强化联城带村，打造城乡融合样板

近年来，河源市积极响应省委、省政府的号召，深入实施“百千万工程”，以促农增收为目标，将发展产业、培育龙头企业作为农业农村工作的着力点，做强做优做大乡村产业，推动城乡区域协调发展，打造城乡融合发展的河源样板。

东源东瑞（船塘）现代农业综合体项目二期项目（黄沙基地）外观　图／河源市政府门户网

而在连平县上坪镇，空气中弥漫着淡淡的桃香。作为中国鹰嘴蜜桃之乡，上坪镇的鹰嘴蜜桃已成为年产值 16 亿元的大产业。在“百千万工程”的推动下，连平县委、县政府积极探索财政资金投入模式，撬动金融和社会资本投入鹰嘴蜜桃产业发展，形成了多元化的“桃花经济”。这不仅推动了鹰嘴蜜桃全产业链的提档升级，更带动了乡村经济的蓬勃发展。

产业兴，带动乡村旺。油茶是河源重要经济作物之一，2023 年全市油茶种植面积 88.9 万亩，占全省三成以上，茶油年产量约 1.9 万吨，油茶年产值超 30 亿元。

绿色农业发展方面，河源市突出抓好以“两茶两果”（两茶：茶叶、油茶；两果：猕猴桃、鹰嘴桃）为核心的特色产业发展，同时组织农产品经营主体积极申报“粤字号”

及省级区域公用品牌，推动河源市农产品品牌扩规模。目前，全市有“粤字号”农业品牌产品 80 个、示范基地 13 个。

除了特色种植业外，养殖业也成为了河源农业产业发展的硬支撑。

2024 年 8 月，河源东源县成功举办 2024 年现代农业高质量发展大会，当天，东瑞食品集团股份有限公司成功举办二期项目投产仪式。据了解，河源市东源县首家上市企业东瑞食品集团，凭借“6920 楼房养殖模式”（6 层楼房存栏 9000 头母猪，年出栏 20 万头商品猪），在东源县船塘镇投资现代农业综合体项目，共设 4 条生产线，年出栏生猪 80 万头，预计 2025 年满产，为广东猪企楼房养殖提供新方向。

农业稳则天下安，农业兴则基础牢。近年来，东源县深入贯彻落实习近平总书记关于“三农”工作的重要论述精神，以全国农业现代化示范区建设为抓手，大力发展现代高效农业，建有板栗、茶叶、丝苗米等省级现代农业产业园和油茶跨县集群产业园，打造了柳城万绿智慧农场、东瑞高楼养猪、太二工厂化养鱼等一大批特色农业“金名片”，带动了农业增效、农民增收、农村进步。2023 年以来，东源农业总产值始终保持高速增长，增速位列全市第一，成为东源高质量发展的重要支撑。

写好绿色文章，绘制生态发展新图景

青山环绕、碧水相依，万绿湖，这颗镶嵌在南粤大地的绿色明珠，四季如春、四季常绿，是河源生态建设的生动写照。近年来，河源深入贯彻习近平生态文明思想，高标准推进绿美河源生态建设，坚持扩绿、兴绿、护绿，为绿色崛起示范区建设注入新动力。

河源市是林业大市，坐拥丰富的自然资源，森林覆盖率高达 73.2%，生态公益林面积 1043.45 万亩，自然保护地 97 处，总面积约 501 万亩，这些数据无一不彰显了河源在生态建设方面的显著成效。

河源市在绿美生态建设上，不仅注重量的积累，更注重质的提升。2023 年以来，

广东紫金白溪省级自然保护区　图／冯晓铭

河源市深入推进绿美广东生态建设“六大行动”，全面提升森林质量、城乡绿化、自然保护地管理等方面的工作。通过实施绿色通道品质提升、古树名木保护提升和全民爱绿植绿护绿等行动，河源市的生态环境得到了进一步优化。

在绿色通道品质提升方面，河源市推动大广高速、汕昆高速连平段及汕湛等高速两旁绿化提升，合计里程 108.3 公里，其中林分优化 23762 亩、森林抚育 13583 亩。在古树名木保护方面，河源市完成 54 株衰退和濒危古树名木抢救修复工作，购买古树名木保险 2277 株，在保率 100%。同时，河源市还积极开展义务植树活动，组织 6.14 万人参加 495 场义务植树活动，共植树 27.75 万株，折合面积 4615.22 亩。

河源市还通过创新机制，推动绿美生态建设迈上新台阶。河源市积极探索“林长 +”多元化协作模式，创新建立“林长 + 检察长”“林长 + 警长”“林长 + 森林法官”机制，加强林长与检察官、森林法官、警长的协作配合，共同探索推进绿美河源生态建设新模式。

值得一提的是，河源市大力实施城乡一体绿美提升行动和“河力绿美”县镇村绿化行动，创新推进 13 个绿美广东生态建设示范点建设，持续提升绿化品质，因地制宜发展绿色经济，为绿色崛起示范区建设注入强劲动力。

云浮：以金融力量、乡土力量赋能“百千万工程”

党的二十大报告指出，全面建设社会主义现代化国家，最艰巨最繁重的任务仍然在农村。城乡区域发展不平衡作为广东最突出的短板，其最突出的部位就在农村，特别是欠发达地区农村集体经济薄弱，已经成为制约城乡区域协调发展的关键瓶颈。

云浮市深入学习贯彻落实习近平总书记视察广东重要讲话、重要指示精神，认真贯彻省委“1310”具体部署，以实施“百千万工程”作为高质量发展的一把手工程，聚焦农村集体经济薄弱难题，全面推进“党建引领政银企服务县镇村组户”高质量发展行动，从行政村一级切入、以“政银企村”共建模式破题，向社区领域覆盖、向自然村一级延伸，着力把全市847个行政村、125个社区、700条试点自然村纳入发展范畴，按照“党建引领、政府搭台、市场推动、村村参与、村企共赢、农民增收”工作思路，形成“政、银、企、村”多方共建合力，走出了一条政府引导下社会资本与村集体合作共赢的新路子。

探索创新“政银企村（户）”共建模式

走进云城区高峰街洞殿村“政银企村户”共建家庭农场，一排排标准化鸡舍映入眼帘，肉鸡在棚里觅食。

云浮区位优势突出，正在全面融入粤港澳大湾区“半小时经济圈”。图为云浮市主城区俯瞰视角

为了快速发展村级集体经济，高峰街互助工作队积极协助完善洞殿村“政银企村（户）”共建家庭农场项目周边基础设施建设，有序推进项目剩余栏舍建成，并发动村民参与项目共谋共建共管，推动传统养殖业向规模化、标准化转型。

这是云浮市探索创新“政银企村(户)”共建发展模式助推“百千万工程”的一个缩影。突出行政村（社区）、自然村两个层级，采取两种模式压茬推进。

围绕解决行政村（社区）“经营性收入难”问题，采取“党委领导、政府搭台、银行融资、企业运营、村集体入股”的方式，由政府主导，搭建由国资、供销社、村集体等组建平台公司，注入股本，撬动银行低息贷款，实施“政银企村”共建高效生态养殖小区模式。同时，鼓励各地因地制宜探索“工业+”“农业+”“商贸+”“资

源经济 +”等多种模式叠加推进新型农村集体经济发展。

围绕解决自然村“无人管事”和“无钱办事”问题，成立自然村家庭农场专业合作社，采取“党委政府引导、银行融资、龙头企业牵头、村集体投资、农场主出资经营”的方式，实施“政银企村户”共建家庭农场、美丽牧场模式。

自 2022 年云浮市全面发起村级集体经济“砍尾”攻坚行动以来，通过“政银企村（户）”共建模式的实践创新，探索走出一条发展新型农村集体经济、促进共同富裕的“云浮路径”。2023 年，云浮“政银企村（户）”共建模式的经验做法入选农业农村部全国典型案例、省委深改委发展新型农村集体经济典型案例。相关经验做法先后 2 次获省委主要领导肯定批示。

2023 年底，云浮全市 972 个行政村（社区）集体年经营性收入全部超 15 万元并实现可持续发展，提前 2 年完成省定目标任务。2024 年，持续优化 17 个“政银企村”共建养殖小区及其他 10 个攻坚行动项目收益分配机制，力争 2024 年底全市行政村（社区）集体年经营性收入达到 17 万元以上。2023 年选点布局 520 条自然村、2024 年继续扩面 180 个自然村试点发展新型农村集体经济，分梯次推动 76 个家庭农场和美丽牧场项目建成见效，在 2024 年底、2025 年底将分别实现经营性收入 10 万元以上。

“六大”特点破解传统模式下共性难题

当前，云浮探索“政银企村（户）”共建模式，创出“六大”特点破解传统模式下农村集体经济薄弱难题，权责清晰、机制灵活、风险较低、运作良好。

突出“市场化”。项目运作和政府资金投入两端均遵从市场化原则，产权端充分保障集体资产长期稳定收益，体现了财政资金市场化运作的理念。

突出“经营性”。坚持党委统揽、政府统筹，鼓励和引导村级集体经济组织或自然村家庭农场专业合作社依法将用于本村发展产业的扶持、奖补或自筹资金入股龙头企业（公司），有效保障农村集体经济稳定、可持续增收。

云浮推行“政银企村（户）”共建养殖小区，2023 年底全市 972 条行政村（社区）集体经济收入均超 15 万元。

突出“精准性”。破解长期以来多头投放、分散使用，实际效果与投入力度不匹配的“痼疾”。实现资金规模“由零变整”、投入方式“由分散变集约”、资金效益“由低变高”，为涉农资金投入提供可复制借鉴的样本，有效提升帮扶资金滚动发展能力。

突出“低风险”。采取所有权与经营权分离的新风控模式，构建起各方权责清晰、流程规范透明的监督管理制度，有效把国有经营性资产与市场风险分割开来，有效强化资金资产安全监管。

突出“可持续”。坚持以“全生命周期”理念规划设计“政银企村（户）”共建项目，其中，行政村（社区）发展项目在项目结清财政资金本息后，由平台公司出资建设或收购而形成的资产、土地租赁期内的经营权等相关权益仍归平台公司所有；自然村项目在合作期20年间，项目资产由企业或农场主所有，期满后家庭农场资产归自然村集体所有，农场主享有优先续约经营权，保障项目长期稳定收益预期。

突出“共同富裕”。云浮模式核心在于政、银、企、村、户等共建共管共享，充分调动政府、市场、社会各方积极性，保障各方均有所作为、有所获益，有效激发各方积极性，实现多方“共赢”。

创建互助工作队推动“百千万工程”落地落实

河渠通了，村道整洁了，公共空间杂物变少了，庭院的花草更多了……在云浮市，一场“互助共建”的热潮，让乡村发生了醒目的变化。

当前，广东正纵深实施“百千万工程”，大力开展人居环境整治、乡村绿化等工作，亟须基层工作队伍等社会力量的参与和支持。基层力量薄弱、人员队伍分散、缺乏运行机制等，均不利于充分发动群众参与。因此，充实壮大农村基层落实“百千万工程”任务的工作力量，从“组织”和“人”两大关键要素上有力保障“百千万工程”在云浮基层落地见效，显得极为重要。

2024年以来，云浮市委组织部、市“百千万工程”指挥部办公室迅速行动、抓紧推动、强化联动，顺利完成全市自然村组建“百千万工程”互助工作队任务，推动互助工作队在落实“百千万工程”中发挥着重要的作用、产生了显著的成效。

“组建互助工作队，是云浮推动‘百千万工程’在农村落地落实的一项探索创新举措，旨在打通‘百千万工程’落地见效‘最后一米’。”云浮市“百千万工程”指挥部办公室相关负责人说。

云浮市以自然村为单位创新组建“百千万工程”互助工作队（下称“互助工作队”）。

云浮市“百千万工程”互助工作队和村民一起开展绿化植林。

这是云浮落实“百千万工程”最基层的一支组织力量，由自然村党小组发起，村民、乡贤等自愿参加，不领取报酬，为配合“百千万工程”具体任务落地以及自然村公共事务管理而奔走忙碌。

突出强化“党建引领+上下联动”，迅速完成互助工作队组建。市委主要领导调研、亲自谋划、亲自协调、亲自推动，顶格力推“百千万工程”互助工作队组建。各县（市、区）党委把互助工作队的组建工作和日常运作作为履行党建主体责任全力推进。镇村党组织积极宣传发动，将6265名镇（街）干部和4601名村（社区）“两委”干部编入互助工作队分别担任指导员、联络员。2024年以来，全市共组建互助工作队7882支，覆盖全市8168个自然村，共有队员87855人。

紧扣实行"精准定位 + 科学定责"，明晰互助工作队职责任务。制定出台《云浮市"百千万工程"互助工作队工作指引》，明确带头开展互助帮扶服务、乡村绿化美化等 9 项职责。充分发挥群众的主体作用，支持和鼓励队员之间互帮，引导群众积极参与自然村建设，共同搞好经济、扮靓村庄环境，推动"百千万工程"各项任务在自然村落地见效。

围绕强化"礼遇优待 + 关心关爱"，激发互助工作队服务热情。协调市直有关部门制定出台《云浮市"百千万工程"互助工作队互助帮扶机制（试行）》等 6 项激励制度机制，在培育"百千万工程"典型户（示范户）、开展节日慰问、积分激励等方面加强对互助工作队的关心关爱，目前已培育典型（示范）户 9641 户。加强政治吸纳，将综合素质好、工作能力强、群众满意度高的成员，纳入村级后备干部储备库开展重点培养，目前已储备村级后备干部 2798 人。

着眼实现"常态长效 + 帮扶指导"，推动互助工作队高效运转。支持各村从村集体经济收益中提取不超过 20% 的经费投入自然村互助工作队的日常运作中，将表现积极的队员培育成为"百千万工程"的典型户（示范户），推行积分激励机制给予政策性支持，指导各地充分利用文化楼（室）等场地资源建设互助工作队联络站 2161 个。结合"三联系""双报到"、镇街干部驻点联系制度等机制，推动各级领导干部和专家人才团队下沉基层，帮带指导工作队组建和发挥作用。

为"百千万工程"注入源源不断"乡土力量"

互助工作队队员主要由复退军人、民兵、返乡创业就业青年、企业家、杰出乡贤、热心群众组成，他们本来就是热心村里事业的骨干。目前，云浮还着力在互助工作队中培育典型户，做好典型引领。

通过全面推动互助工作队组建和运作，为云浮市实施"百千万工程"注入源源不断的"乡土力量"。

实现“群众讲给群众听”。累计发动互助工作队队员148.21万人次，开展各类宣传活动5万多场次，受众153万余人次，助推“百千万工程”深入人心。实现“群众做给群众看”。互助工作队队员主动参与人居环境整治、乡村绿化美化等工作，带动全市218万余人次通过捐款捐物、投工投劳等方式参与“百千万工程”和乡村建设，累计整治乱堆乱放18.49万多处，疏通沟渠2001.4公里，美化绿化道路7234条，汇聚起推进“百千万工程”的磅礴力量。实现“群众事情群众办”。互助工作队发动群众累计捐赠3043.59万元，投工投劳完成3965间房屋风貌提升，种植苗木121.61万株，参与乡村绿化抚育管护70.94万人次，有效解决了资金、人力不足的问题。实现“党员带头干、群众跟着上”。充分发挥镇村党组织“管人头”的组织优势和党员干部模范带头作用，互助工作队中的1.1万名党员践行“五个带头”，带动群众建设提升小公园等小生态板块2.6万个，建设美丽庭院1.97万户，引导基层党员干部干在先、走在前，调动群众听党话、感党恩、跟党走。

作为云浮落实“百千万工程”最基层的一支组织力量，互助工作队是服务自然村公共事务管理的基层群众志愿组织，是扩大党的组织覆盖和工作覆盖的有效途径，是探索农村最基层工作实践、纵深推动“百千万工程”实施的重要抓手，进一步激发了村与村之间、村民与村民之间互助协作的内生动力，有利于进一步充实壮大云浮农村基层落实“百千万工程”任务的工作力量，有利于保障“百千万工程”在云浮落地生根、开花结果。

COUNTY LEVEL ARTICLE

县域篇

海珠：
以头号工程力度推进"百千万工程"

2024年9月20日，第三届琶洲算法大赛颁奖暨生态赋能大会在广州海珠举办。这是广州市海珠区积极贯彻落实中央"加快发展新质生产力"重要指示，紧抓"算法、算力、数据"人工智能三大支柱，推进建设"琶洲算谷"的重要举措之一。

广州市海珠区因地制宜发展新质生产力，推动"百千万工程"高质量发展。东部琶洲试验区奋楫争先、低空经济乘势"起飞"、绿美海珠美誉国际、"反向飞地"如火如荼……2023年以来，海珠区坚决贯彻党的二十大精神和习近平总书记视察广东重要讲话、重要指示精神，全面落实省委"1310"具体部署和市委"1312"思路举措，强化学习"千万工程"经验，锚定老城市新活力引领区定位，以头号工程的力度，推动"百千万工程"开好局起好步。

前瞻布局创建全省低空经济示范区

2024年上半年，海珠区以高质量发展为牵引，全区经济平稳向好的态势持续巩固，增速排名全市前列，发展质效稳步提升。根据广州市地区生产总值统一核算结果，2024年上半年，海珠区实现地区生产总值1327.88 亿元，同比增长6.5%。固定资产投资增长12.4%，全口径税收增长19.6%，三大经济指标增速排名全市前列。

第三届琶洲算法大赛颁奖暨生态赋能大会

在经济平稳向好发展的同时，海珠低空经济正乘势“起飞”，发展新质生产力，赋能“千万工程”。2024 年 4 月以来，海珠区抢抓低空经济发展战略机遇，第一时间成立区低空经济工作专班、制定《海珠区低空经济发展工作方案》，集中力量攻坚低空经济重点任务。

方案显示，力争到 2027 年，海珠区低空管理机制运转顺畅、基础设施基本完备、应用场景加快拓展、技术水平国际领先、产业规模稳步增长，推动形成低空管理和服务共进、应用和产业互促的发展格局，着力把海珠全岛创建成为全省低空经济的试验区。

日前，海珠区举办区委理论学习中心组专题学习会，邀请专家就低空经济的基础知识、发展概况、着力点、发展建议作全方位的专题辅导；筹备区级低空经济产业联盟，首批成员 28 家；落地应用黄沙—太古仓低空海鲜专线、海珠湿地无人机组网监测、违建监管系统等 12 个低空应用场景，并逐步拓展与产业龙头企业的场景合作。同时，海珠区还加强算力服务支撑，吸引低空数字底座等核心资源向海珠集聚，目前已建成本地算力 220P，在建算力 3500P，到 2025 年可调度算力超 10000P，满足低空智联网算力需求。

"海珠区发展低空经济具备发展决心强烈、数字底座坚实、地理条件优越、场景应用丰富、产业空间充足的优势，积淀了产业 CBD、老城区、城中村、医院、都市湿地等需要低空飞行试验的全部场景，是最适合发展可盈利的低空经济发展模式的城区之一"，相关部门介绍。接下来，海珠区将加强方案落实、加强示范带动、加强场景应用、加强宣传推广，推动低空经济高质量发展。

全力打造人工智能大模型产业集聚高地

2023 年以来，在广州市大力支持下，海珠区以发展行业大模型为重心，加快建设国内首个人工智能大模型应用示范区。截至 2024 年底，海珠区已累计进驻大模型应用企业超 50 家，大部分企业已探索出符合自身发展的盈利模式，逐渐实现商业闭环。

海珠有着完善的孵化空间、密集的生态活动、活跃的投融资、丰富的应用场景，能够精准服务人工智能企业全生命周期发展。近 2000 家泛人工智能企业也在加快大模型布局、探索盈利模式。龙头引领、腰部支撑、中小企业集聚的"热带雨林式"大模型产业集群生态已经形成。

琶洲管委会产业发展科相关负责人介绍，近年来琶洲从互联网创新集聚区到人工智能与数字经济试验区，锚定在人工智能和数字经济产业领域，重点关注人工智能大模型等产业的发展，带动海珠经济的高质量发展，同时能赋能"百千万工程"助力区域协调发展。"我们鼓励企业发展行业大模型，聚力打造政策助力、合规指导、孵化培育、算力供给、金融赋能、生态集聚六大支撑平台，帮助企业发展。希望能够将他们的大模型产品应用于实际场景中，促进大模型技术真正实现商业化落地应用并向更多行业领域覆盖和推广。"

作为行业大模型典型代表，总部位于海珠区的云蝶科技致力于为用户提供从核心

广州市数据要素产业协会海珠区工作站授牌仪式

算法、智能硬件到全场景应用的大数据及人工智能技术产品与解决方案，赋能社会进步与产业升级。在教育方面，打造了完整数字教育的产品线，从区域到校园到班级提供完整的一站式解决方案，通过智慧教室让农村多所学校学生同上一堂课，以大数据助力校园足球运动的开展。在农业方面，积极探索将数据要素与农业全过程、全产业链有机融合，实现农情监测、精准把控、智能决策、自动作业等，以数字化带动农业从“传统生产方式”向“精准高效方式”转变，从而切实提高农业经济效益。

推动新中轴海珠片区改造 提升城区魅力

2024 年 9 月 29 日，广州新中轴海珠片区城中村改造项目迎来新进展，三滘村启动区华南鞋城内，一批老旧厂房仓库被有序拆除，海珠区首个使用“依法征收，净地出让”模式的城中村改造项目正式开工。

新中轴海珠片区位于广州新中轴线南段，北至岭南广场，南至海珠创新湾，处于中大国际创新生态谷、琶洲人工智能与数字经济试验区两大平台的交界，总长约6公里，研究范围约21.44平方公里。共涉及34个项目，包括6个城中村、8个旧城及20个旧厂，改造范围约674公顷，现状建筑面积1341万平方米。

推动新中轴海珠片区改造，是落实广州三轴融合战略，强化世界城市核心服务功能，提升中心城区魅力名片的重要抓手。按照“依法征收，净地出让”新模式，充分发掘片区内广州塔、海珠湖、海珠湿地公园等高品质生态、旅游、文化资源，在更新改造中通过“消费引领、生态提质、创投集聚”策略，将新中轴海珠片区建设成为布局合理、功能完备、交通畅达、生活便利、产业高端、生态优良、宜居宜业的国际商圈活力中心和城央生态休闲胜地。

率先探索“数据经纪人”引领数据要素改革

海珠区积极落实省、市关于数据要素市场化配置改革的工作要求，紧扣数据要素市场化配置改革发展主题，出台了全国首份“数据经纪人”试点工作方案，充分凸显区域特色，探索打造数据要素市场化配置改革“先行地”。

海珠区政务服务和数据管理局数字化发展科相关负责人介绍，“数据经纪人”是在政府的监管下，具备开展数据经纪活动资质的机构。该机构要具备生态协同能力、数据运营能力、技术创新能力、数据安全能力和组织保障能力，围绕重点领域开展数据要素市场中介服务，推动数据流通规范化。

海珠在全国率先出台《广州市海珠区数据经纪人试点工作方案》，明确了试点工作思路、主要任务和保障措施，提出建立数据经纪人试点管理制度，制定数据经纪人试点单位标准等任务。依托广东数据发展联盟发起《广东省数据经纪人生态伙伴合作计划倡议书》，鼓励“产业链主”“数据矿主”等市场主体加入数据经纪人行列，构建以“数据链＋供应链＋交易链＋生产链”为支撑的数字生态圈。

海珠率先厘清了数据经纪人“数据供需匹配撮合者、数据流通交易中介者、数据权益冲突化解者”的角色定位，明确数据经纪人是开展数据要素市场流通中介服务的社会性数据经纪机构，侧重于场景化数据利用，旨在建立供需信任关系、挖掘数据要素价值、维护各方合法权益、活跃数据要素市场，促进数据可信有序流通和市场化利用。

广东电网能源投资有限公司作为数据赋能型“数据经纪人”，通过推出“数据能源空间”项目，充分挖掘能源产业链内企业的数据价值，向数据需求方输出数据治理分析结果，带动产业链内企业对自身数据能力、数据服务、数据产品进行梳理，促进产业链内企业数据要素价值化。广州金控征信数字科技有限公司作为技术赋能型“数据经纪人”，推出基于纺织品交易的供应链金融合作项目，将企业授权的生产、销售等多维数据接入广金征信数据中台，融合公共数据后搭建风控模型提供给银行方，银行依风险评估结果发放贷款额度。首单业务将中小企业银行放款额度从 20 亿元规模提升至 100 亿元，有效解决中小微企业的贷款难问题。

耕好“城中田”为乡村振兴注入新活力

海珠区农用地约 1.9 万亩，主要位于海珠湿地保护区，约 0.8 万亩仍归属于农村集体，分布散、面积小，大多由单个农户种植经营，规划布局差、产业规模低、环境污染多，极大影响了中心城区寸土寸金“城中田”产业效益和环境面貌。近年来，海珠区深刻领悟“绿水青山就是金山银山”，以实施“百千万工程”为牵引，选取瑞宝联社约 170 亩农用地为试点，引入“一方乐田”都市农园项目，通过“连片流转 + 文化保护 + 环境整治”三板斧，科学耕好“城中田”。

虽然身处闹市区，但当走进“一方乐田”都市农园，乡土气息便扑面而来。园区划分为精品种植区、家庭菜园区、研学科普区、田园休闲区，不少家长带着小孩在里面体验农耕文化的乐趣。不曾想到，原来的杂乱荒地实现华丽蜕变，变成生态农园。

"原来这里的环境脏乱差，污水横流、垃圾遍地。如今面貌已经大变样，变成可供市民休闲打卡的好去处。'城中田'大幅提升了集体农业经济收益，传承了农业文化遗产，改善了农村人居环境。""一方乐田"董事长、创始人叶泓纬说。

"一方乐田"由农业种植、科普研学、亲子休闲等功能板块构成，实现了农业产值、生态保护的高度融合，每亩综合年产值达到12万元，是传统农业生产收益的7至10倍。三年总接待人次已超过90万人，年营业额超1500万。

2022年以来，"一方乐田"先后获得广东省研学旅行实践基地、广东省科普教育基地、广州市中小学生研学实践教育基地、广东省及广州市休闲农业与乡村旅游示范点等荣誉。2024年2月，"一方乐田"入选首批广东省乡村休闲产业助力"百千万工程"

“一方乐田”都市农园

典型案例。

沙园街道则通过飞地试点，加强产业规划指导，引入优质项目和盘活现有资源，推动片区环境面貌焕然一新的同时，带动经济社会效益大幅提高。街道相关负责人介绍，街道与西华经济社、海珠城发集团紧密合作，通过整合闲置资源，合理规划布局，推动联星西华社 5500 ㎡社员楼进行业态升级、改旧育新。

宝业路是海珠区江南商圈的核心枢纽，在过去 20 年逐渐发展成以餐饮业为主的商业街区，又因街区内大部分商户经营至凌晨，使宝业路成为食客口中的“宵夜街”。但因物业老旧，建筑安全与消防安全隐患较多，环境污染等问题凸显，2023 年 4 月，宝业路沿线商业正式围蔽改造，致力于打造为国际化、时尚范、广州味的江南文商综合体。2023 年，江南文商旅综合体作为“海珠区飞地治理机制”中的重点项目，入选全省盘活利用资产资源案例。

自然教育“海珠模式”入选典型案例

近年来，海珠湿地开拓“湿地 + 互联网”的创新模式，启动“海珠智慧湿地建设”项目；同时依托丰富的生态资源，搭建由政府主导、全社会参与的开放式自然教育平台。2024 年，海珠湿地入选中国湿地教育 CEPA 典型案例，自然教育“海珠模式”入选广州市、海珠区“百千万工程”典型案例。

8 月 15 日是第二个全国生态日。当日，“全国生态日海珠湿地主场活动暨海珠湿地绿美生活节”在海珠湖举办。活动旨在深度挖掘海珠湿地作为城市绿肺的生态价值，展示“湿地公园 +”模式的创新成果，引领全社会迈向绿色生活新风尚。

现场还结合“湿地公园 +”主题，设立市集，推出湿地建设成果介绍、生态艺术装置展示、生态产品推介、自然教育经验交流、安全教育科普、互动游戏、公益动植物导赏等一系列精彩活动。

近年来，越来越多珍稀野生鸟类在这里安营扎寨，海珠湖鸟岛更是成为广东省肉眼可见最近的苍鹭繁殖地。广东省科学院动物研究所胡慧建博士表示，“海珠湿地保护已有目共睹，日益成为我国，乃至世界的生态明珠。这些美丽的树栖精灵的到来，表明随着海珠湿地植被的不断改善，水陆融合共生达到一个新的高度。”

海珠湿地于 2015 年开创全国优秀科普品牌“海珠湿地自然学校”，逐步探索形成了自然教育“海珠模式”，让湿地成为保护之地、教育之所、陶冶之园。

海珠区倾力谱写自然教育“新篇章”，绘就绿美广州“生态画卷”。打造“自然导师 + 专业志愿者 + 公共志愿者”三支生力军队伍，夯实科学普及人才支撑。构建“特色场馆 + 科普路径 + 云端服务”三维场域，全方位、多层次、立体化开展自然教育活动。实施“进学校、进企业、进社区”三进战略，形成“政企产学研”绿色闭环，不断扩

广州海珠国家湿地公园

大自然教育受众面和影响力。探索“政府搭台，高校参与，院所赋能”三方共建新形式，以高质量科研护航高品质自然教育。

创新布局“反向飞地”构建新型帮扶协作

近年来，海珠区深入贯彻落实省委“百千万工程”、珠三角产业向粤东西北地区有序转移等一系列重大改革举措，积极探索发展“飞地经济”，与梅州市大埔县、丰顺县，清远市清新区，贵州省贵定县等帮扶协作地携手合作，在海珠区共建了5个“反向飞地”，推动对口帮扶协作由两地“党委政府主推、经营主体参与”转向“党委政府搭台、经营主体间联姻”的新格局。

工美港“反向飞地”

目前，培育出全省首个粤港澳大湾区（广州）乡村振兴产业协作基地，推动成立大埔青花瓷广州协同研发中心、清新高端艺术陶瓷生产基地、工美非遗数智协同创新实验室 3 个产研平台，15 家优质企业进驻“反向飞地”。

海珠区创建载体型“反向飞地”模式，以工美港·国际数字创新中心为载体创设“园中园”，委托广东工美数字文化有限公司运营，支持大埔县、丰顺县、清新区在海珠区设立研发基地、企业总部、招商引资窗口等，推动两地产业协同发展，目前已挂牌运营大埔（海珠）科创中心、丰顺（海珠）科创发展中心、清新—海珠产业投资促进中心；创建实体型“反向飞地”模式，以粤港澳大湾区（广州）乡村振兴产业协作基地链主企业为营运主体，促成与帮扶协作地国企、龙头企业合作，共同出资注册成立“强县带镇富村”合资公司，聚焦海珠、大埔两地优势资源禀赋，协同参与乡村产业振兴。

粤港澳大湾区（广州）乡村振兴产业协作基地管委会执行主任陈泽华介绍，基地立足粤港澳大湾区的区位优势和城市的特色禀赋，积极构建黄金内湾“7+2”城市产业集群，逐渐形成以广州市海珠区为基地总部，湾区城市为产业集群的“一飞融湾、贯通 9 市”新格局。基地通过参与省部揭榜项目和企业集群协同，以“反向飞地”平台企业执行的产业协作特色，依据县域特色产业与大湾区新质生产力深度融通，逐渐形成“基地 + 集群 + 飞地 + 县域”循环经济产业协作的有益实践。

增城：“百千万工程”加力提速，绘出高质量发展“实景图

广州市增城区地处粤港澳大湾区核心区域，是广深两大都市圈衔接节点，亦是穗港深黄金走廊和广深港澳科技创新走廊的重要组成部分。实施“百千万工程”以来，增城区聚焦东部中心“现代活力核”“新广州”战略定位，锚定“建设城乡融合发展示范区，打造广州高质量发展动力源”总体目标，全面推进强区促镇带村，促进城乡区域协调发展。2024 年，增城以获评省“百千万工程”进位类优秀区为契机，加快构建广州东部中心和环南昆山—罗浮山县镇村高质量发展引领区“双轮驱动”发展格局，加力提速推动“百千万工程”不断取得新突破。

以头号工程力度打造增城样本

近年来，增城坚持产业立区、制造业强区，牢牢扭住科技创新这个“牛鼻子”，重点打造“芯、显、车”主导产业集群，加快培育新材料、生物医药、新能源等新兴产业，前瞻布局低空经济、人工智能等未来产业，全面塑造发展新动能新优势，全力推动“百千万工程”，为城乡区域协调发展注入澎湃动力。

在制造业领域，增城更是展现出了强大的实力。2024 年上半年以来，增城区引进重点产业项目 17 个，计划投资总额 110.78 亿元；上半年全区工业投资完成 146 亿元，

增城区地处粤港澳大湾区核心区域，是广深两大都市圈衔接节点，亦是穗港深黄金走廊和广深港澳科技创新走廊的重要组成部分。图为增城全景

同比增长34%。值得一提的是，增芯科技，这家国内首条12英寸智能传感器晶圆制造产线的企业，从2022年12月底动工到2024年6月产线通线，仅用时18个月，创造了广东集成电路重大项目建设的“芯”速度。这条产线不仅填补了国内空白，更为大湾区在新能源汽车、高端装备、人工智能等领域的半导体和集成电路需求提供了有力支撑。

与此同时，增城的智能家居产业也在蓬勃发展。贝乐智能将AI技术融入智能家居场景，让中国“智造”走向世界。而广州国显（维信诺）全柔AMOLED模组生产线更是以21条产线高速运转，出货量达3000万件以上，覆盖车载、笔电、折叠手机、智能穿戴等中小尺寸领域。这些新兴产业的崛起，为增城的高质量发展注入了新的活力。

此外，增城还前瞻布局低空经济、人工智能等未来产业。增城已聚集了一批低空经济产业链相关环节企业，涵盖多个领域，正加快构建“1+1+6”的低空经济产业布局。

其中，广州东部低空服务管理平台的上线，为低空飞行运行企业提供飞行全过程、全方位的服务与支持，打开了空域“新视界”。

接下来，增城将继续坚持制造业立区，加快建设现代化产业体系。智能传感器、芯片制造、新能源汽车等战略性新兴产业将得到进一步发展壮大，同时，增城还将积极培育现代服务业和现代农业等产业，形成多元化的产业结构。

除了高新技术产业，增城在农业产业方面亦是走在前列，被誉为“中国丝苗米之乡”，如今，这里的现代农业产业园已经成为国家现代农业产业园的创建名单之一。2024年，丝苗米产业园的主导产业总产值持续攀升，不仅带动了5500多户农户增收致富，更让增城的绿色发展成为高质量发展的鲜明底色。

在推进“百千万工程”的过程中，增城还注重传统产业的优化升级。新塘镇作为“中国牛仔名镇”，积极引导牛仔生产企业通过改造智能吊挂系统、增加生产自动化流程等，提高产业的“智造”能力和自动化程度。而石滩镇则依托扎实的食品制造基础，吸引了东鹏饮料华南生产基地等优质项目落户。

做榜样、树典型，打造和美乡村

走进增城，处处可见和美乡村的新风貌。增城区在推进“百千万工程”中，不仅注重提升乡村的基础设施和公共服务水平，更注重挖掘和传承乡村的文化底蕴，打造具有地方特色的美丽乡村。目前，增城区已有多个村镇入选省级典型村、镇名单，成为全省学习的标杆。

推进“头号工程”，并非大水漫灌，而要因地制宜。增城精心谋划“一镇一策”，引导各镇街特色化差异化发展。南部新塘、永宁、宁西、仙村打造千亿百亿级制造名镇；中部荔城、荔湖、增江高品质建设区域综合服务中心；北部派潭、正果、小楼打造有影响力的休闲农业与乡村旅游示范镇；中新、朱村、石滩打造产城高度融合的品质新城，中新、石滩力争进入全国百强镇。区级层面制定配套政策、实施方案，以激励机制和

高质量发展的“施工图”已然绘就，如何将其变成“实景图”增城用实际行动作答。图为增城丝苗米丰收景象

任务清单，大力推进强县促镇带村。

新塘镇正是“百千万工程”中的一个典型镇，同时也是增城区南部的一个工业、商业重镇。走进新塘镇，可以看到繁忙的工业园区、热闹的商业街区，以及正在如火如荼建设的各项基础设施。这个镇综合经济实力雄厚，多年来位居全国百强镇前列。新塘镇的发展不仅带动了当地经济的快速增长，也为周边乡村提供了更多的就业机会和发展机遇。

与此同时，增城区还出台了典型村建设方案，围绕典型村十个方面硬任务，全面推动 12 条典型村发挥引领示范作用。谋划培育新一批典型镇村，加力提速推进第二批 3 个典型镇、57 个典型村培育创建工作。

莲塘村，一个位于增城区荔城街北部的美丽村庄，是“百千万工程”中的一个典型村。

增芯科技，这家国内首条 12 英寸智能传感器晶圆制造产线的企业，这条产线不仅填补了国内空白，更为大湾区在新能源汽车、高端装备、人工智能等领域的半导体和集成电路需求提供了有力支撑。

这个村庄自然生态优越，旅游资源丰富，拥有 3 公里长的河岸线，以及古榄园、古荔台、荷花池等生态田园景观。近年来，莲塘村通过整合山水、竹林、古树等自然风光，大力发展乡村旅游，成功吸引了大量游客前来观光休闲。如今的莲塘村，不仅环境优美，而且村民生活富裕，先后被评为广东省乡村治理示范村、广州粤菜师傅名村、广东省卫生村等。

随着“百千万工程”纵深化推进，如今的增城各镇（村）从人居环境的整治到农房风貌管控，从“四小园”建设到各类公园的打造，都让这座城市焕发生机，推动乡村更加美丽、更加宜居。

公共服务提质，社会治理再上新台阶

“完善基本公共服务制度体系，办好办实民生实事，解决好就业、教育、医疗、社保、住房、生育、养老等群众急难愁盼问题，让改革真正体现利民惠民。”增城区委书记、区“百千万工程”指挥部一线总指挥赵国生表示。

城区在推进“百千万工程”中，精心谋划“一镇一策”，引导各镇街特色化差异化发展。图为派潭石马龙水库

近年来，增城区不断满足人民群众对高质量生活的迫切需求，推动社会治理水平迈上新台阶。在交通方面，东部中心 141 个道路项目建设完成投资 223.8 亿元；增天高速增城段征拆任务顺利完成，增莞番高速、陈家林北延线等一批对外连接道路加快推进；增城区路长制信息化管理改革案例获省交通运输厅推广。

在教育方面，增城区发挥集团化办学优势，推动义务教育阶段公办学校的农村学校、新建学校和相对薄弱学校集团化覆盖率达到 95% 以上。

医疗方面，增城区推动完成紧密型城市医疗集团布局，推进紧密型镇村服务一体化管理改革，紧密型镇村一体化医疗卫生机构覆盖率 100%。服务“一老一小”方面，该区大力推动 13 家养老机构与属地卫生院或就近医疗机构签订医养结合合作协议；优化颐康中心“1+N”社区养老服务网络，深化“长者饭堂”建设，累计提供助餐配餐服务超 35 万人次，群众幸福感、获得感不断增强。

下一步，增城区将保持抓“头号工程”的力度和势头，加力提速、苦干实干，奋力推动增城高质量发展，开创城乡区域协调发展新局面。

花都区人社局：打造人才高地，赋能“百千万工程”

人才是驱动经济社会高质量发展的核心引擎。2023 年以来，广州市花都区人力资源和社会保障局（以下简称“花都区人社局”）以“百千万工程”为统领，深入实施“人才强区”战略，大力加强改革创新，通过创新探索建立零工市场，打造“智汇花都”品牌，以一系列吸引、培育、奖励和服务人才的政策措施，为区域经济的转型升级和可持续发展提供了坚实的人才支撑。

争创省级标准化零工市场，精准匹配就业供需

随着平台经济、共享经济的发展，零工不再局限于建筑工、维修工等传统工种，还涌现在皮具皮革、家政服务、外卖骑手、快递物流等各类灵活就业工种，正成为越来越多人就业的新选择。近年来，我国灵活就业人员规模增长迅速，已超过 2 亿人。

党的二十大报告提出，加强灵活就业和新就业形态劳动者权益保障。2024 年 3 月，广东省人社厅发布通知明确提出，高度重视零工市场规范化建设，加快推动建设一批以县域为中心的零工市场。

花都作为汽车之都、中国皮具之都、中国化妆品之都、中国音响之都，零工规模庞大。其中，花都区狮岭镇作为全球箱包皮具产业集聚程度最高、产业链最完整、产

花都区人社局深入实施“人才强区”战略，以一系列吸引、培育、奖励和服务人才的政策措施，为区域经济的转型升级和可持续发展提供了坚实的人才支撑。

业配套能力最强的箱包皮具产业基地之一，目前共有生产型企业 8000 多家，从业人员超 25 万人，每天有超 5000 人自发聚集在马路边揽活，形成“马路零工市场”。

面对零工经济引发的制造企业“用人难”、零工群体“找工难”、零工市场“管理难”的问题，花都区人社局从 2023 年开始，探索建立零工市场，为灵活就业人员与求工者搭建高效便捷对接平台，并于 2023 年 4 月 18 日，联合狮岭镇政府举行广州市花都区狮岭镇零工市场挂牌仪式，进一步健全公共就业服务体系，拓宽群众就业渠道，让零工“小市场”服务就业“大民生”，推动零工实现更高质量、更充分就业。

花都区狮岭零工市场自建成以来，通过高站位组织谋划、高标准选址布局和高品质提供服务，成功实现了零工就业从“马路边”到“市场里”的转变。该市场累计吸引 70 余家企业建档，发布 7585 个就业岗位，成功为 31116 名求职人员匹配岗位。

花都区人社局从 2023 年开始，探索建立零工市场，为灵活就业人员与求工者搭建高效便捷对接平台。图为花都区狮岭镇零工市场

为进一步提升服务效益，狮岭零工市场注重数智赋能，开发线上零工数智综合服务平台，实现智能化、全天候服务。求职者可通过智能终端一体机、AI 零工智能服务舱等设备获取求职、培训等服务，同时，线上平台也提供了全流程的掌上办理服务。此外，市场还创新设置直播间，开展“直播带岗”，满足求职者足不出户获取岗位信息的需求。

线上招聘方便快捷，线下招聘亦同步推进。夜间烟火气，最是暖人心。花都区创新“小夜市”招工，更是让不少人感受到“左手烤串很惬意，右手 offer 更得意”的喜悦。

在服务标准上，狮岭零工市场将服务端口前移，注重暖心周到。花都区市场定期发布招用工信息，提供职业指导、技能培训等一站式公共就业服务。同时，市场还整修了招聘广场，配置了便民设施设备，并引入多方力量满足零工群体多元化需求。在权益保障方面，市场创新设置劳动维权窗口、劳动关系调解室，全方位保障零工权益。

花都区狮岭零工市场自建成以来，通过高站位组织谋划、高标准选址布局和高品质提供服务，成功实现了零工就业从“马路边”到“市场里”的转变。图为花都狮岭零工市场服务中心大厅

为扩大服务覆盖面，狮岭零工市场整合资源，建立“1+N+X”就业服务模式。该模式以零工市场为基础平台，整合其他平台资源，为花都区乃至全市城乡劳动力提供更加全面、优质的服务。为此，花都区不断优化运营方案，建设就业驿站，将就业政策咨询、岗位信息、技能培训等公共服务，延伸至村居基层一线，逐步织密就业服务网络，引导更多农村富余劳动力转移务工、家门口就业。目前，全区已建成 26 个就业驿站并投入运营，覆盖 258 个村居。

打好政策组合拳，构建人才高地

近年来，花都区以开放的姿态和创新的思维，高位推进“智汇花都”聚才行动，从人才引进、培育、奖励、安居、服务等方面入手，构建花都聚才支撑体系，集聚高端人才、集合高层智慧、集成高能力量，为实施“百千万工程”、推动高质量发展提供了坚实的人才保障。

人才是第一资源，是推动经济社会发展的核心要素。花都区坚持“一把手”抓“第一资源”，强力构建花都人才工作“一盘棋”的新格局。同时，围绕“打造粤港澳大湾区北部人才枢纽”的人才工作目标定位，出台了花都区人才发展规划（2023-2030）、粤港澳大湾区北部人才枢纽战略规划研究等一系列具有前瞻性和吸引力的人才政策；颁布《关于加快推进聚才行动的实施意见》（简称“智汇花都十条”），配套18个子方案，打出引才、育才、爱才、暖才的政策“组合拳”，形成花都区“1+1+N”人才政策支撑体系（第一个“1”是指《关于加快推进聚才行动的实施意见》；第二个“1”是指《花都区高层次人才认定办法》；“N”是指《花都区人才住房实施操作细则》《花都引进优秀人才住房保障实施方案》《花都区人才绿卡实施办法》等N个助力优秀人才汇聚广州花都、圆梦大湾区的利好政策）。

良好的人才架构体系是吸引人才投身花都的重要一环，与此同时，花都还打造独具影响力的高端人才磁场。花都海豚俱乐部作为区内高端人才集聚地，成立20年来，积极发挥桥梁纽带作用，坚持引才聚才并举，以人才引领发展，为花都经济社会高质量发展献计献策献智。花都区人社局主要负责人表示，将继续把服务企业、服务人才作为各项工作的重中之重，内外协同、育用并举、积极链接，聚天下英才创智花都。

在畅通引才渠道方面，花都区持续标准化做好人才保障“全链条”服务，颁布人才绿卡政策，解决外地户籍人才子女入学、配偶工作调动、购房等难题，累计发放人才绿卡3.2万余张，持卡人购房3571套，占持卡人数11.97%。创新提出“移动端申报+全流程网办”模式，实现入户业务“免预约、随时办、零跑动”，2019年以来，累计引进计划指导、总量控制类在职人才入户13195人。

育用并举，赋能“百千万工程”

党的二十大报告明确提出，要深入推进人才强国战略，并把大国工匠和高技能人

近年来，花都区高位推进“智汇花都”聚才行动，从人才引进、培育、奖励、安居、服务等方面入手，构建花都聚才支撑体系。

才作为国家战略人才库的重要组成部分。

花都区不断努力在“引进紧缺人才、培养本土人才、用好现有人才”上下功夫，致力于打造人才成长平台，先后获批国家级博士后工作站 6 家、省级重点实验室 1 家、省新型研发机构 2 家、省级工程技术研究中心 84 家、市级重点实验室 2 家；建成科技企业孵化器 16 家，众创空间 11 家，设立乡村振兴人才驿站 1 个。为人才创业、就业提供孵化平台和广阔舞台。

在技能型人才培养方面，花都区人社局敢于创新、积极推进，成立“三项工程”领导小组办公室；印发“技能花都”行动若干措施；建成 1 家省级粤菜师傅大师工作室，4 家粤菜师傅培训室，2 家粤菜师傅培训基地，29 人获广州市“羊城工匠”荣誉称号。推荐 43 家企业成功申请企业技能等级认定评价单位。2024 年 6 月 13 日，花都区“南粤家政”产业园正式揭牌运营，这是广州市首个家政产业园，集展示交流、教育培训、

花都区不断努力在“引进紧缺人才、培养本土人才、用好现有人才”上下功夫，致力于打造人才成长平台，助力新时代花都实现高质量发展。

实操训练、品牌交流、创企孵化、人才共享等功能于一体，目前已有15家企业机构入驻，提供涵盖家庭保洁、月嫂、育婴、看护、照料老人、营养餐食、美容美发、康复理疗等多个领域的家政服务。近3年来，累计开展汽车维修工等技能提升培训45234人次，发放补贴4274.694万元；开展粤菜师傅培训13503人次，发放补贴1989.96万元；开展南粤家政培训10542人次，发放补贴772.89万元。

持续优化技能人才发展生态，不断营造整个社会崇尚技能、尊重技能人才的浓厚氛围，大力挖掘花都本土人才，发动“土专家”参与职称评审。2021年以来，花都区乡村工匠职称评审工作走在全市前列，共93名“田秀才”“土专家”通过乡村工匠评审，其中正高级职称1人、高级职称4人、中级职称37人、初级职称51人。花都区花山镇第二代灰塑艺人邵成村获得乡村工匠民间建筑（古建筑）专业正高级别职称，成为花都区首位、广州市2022年第二批5名获正高级职称的乡村工匠之一。

接下来，花都区将继续做好人才引育用留“四字诀”，打造优质平台、强化技能人才培育，筑牢人才发展阵地，通过“以产聚才、以才兴产、产才融合”，助力新时代花都实现高质量发展。

从化：
打造现代化产业体系，绘制城乡共荣新画卷

从化区位于广州市东北部，下辖3个街道、5个镇，管辖面积约1985平方公里，占广州面积的三分之一，是广州面积最大的行政区，2023年常住人口72.74万人，户籍人口65.54万人。从化资源禀赋优越，号称中国温泉之都，一直以来都是休闲康养目的地，被誉为“广州后花园”。

2023年以来，广东吹响破解城乡区域发展不平衡问题的“冲锋号”，推进“百县千镇万村高质量发展工程”（以下简称“百千万工程”）走深走实。从化区持续以头号工程的决心和力度推进“百千万工程”各项目标任务，积极推动传统产业转型升级，发展新质生产力，同时着力营造有特色、有品位的乡村文化空间，不断提升公共文化服务能力和水平，全面推进城乡精神文明建设融合发展，描绘出一幅幅城乡共荣、文明和谐的新画卷。在2023年度全省“百千万工程”考核中，从化区取得进位类区优秀等次。

发展新质生产力，竞标高质量发展赛道

在广州城市发展格局新图景中，从化区被赋予建设绿色发展示范区的使命任务。从化区作为生态强区，当前正以科技创新为核心，奋力发展新质生产力，竞标高质量

从化区作为生态强区，当前正以科技创新为核心，奋力发展新质生产力，竞标高质量发展的赛道，力争在高质量发展的浪潮中勇立潮头。图为从化街区夜景

发展的赛道，力争在高质量发展的浪潮中勇立潮头。

在产业发展的道路上，从化区坚持新发展理念，依托广东从化经济开发区、高埔创智谷、温泉总部集聚区三大产业平台，不断加大科技创新投入力度，重点培育 292 家高新技术企业、科技型中小企业申报目标对象。成功引进顺兴绿色建材创新产业链条建设项目、高端新材料智造基地项目、聚赛龙四期等新材料产业项目。2024 年 1—6 月，全区完成规上工业产值 270.50 亿元，同比增长 5.7%；完成规上工业增加值 51.88 亿元，同比增长 10.1%。

在广东从化经济开发区，比亚迪新能源汽车智能模具项目正在紧锣密鼓地推进。该项目将智能模具技术与新能源汽车生产深度融合，标志着从化区正式迈入新能源汽车制造的核心供应链行列；而联合利华华南生产和营销基地项目，总投资约 16 亿元人民币，达产后预计年产值约 80 亿元、税收 10 亿～ 15 亿元。这些项目的落地，不仅为从化区经济发展注入了强劲动力，也推动从化区在绿色产业发展道路上走得更稳更扎实。

高埔创智谷位于广深科技创新走廊北端、与中新广州知识城接壤，主攻生物医药、新材料、智能装备及数字经济等产业。在生物医药与大健康领域，从化区更是充分发挥了全国最大实验猴养殖区的资源优势，吸引了一批生物医药企业落地。其中，医用同位素（Ac-225）生产线项目，作为清华大学目前唯一对外合作的医用同位素项目，其落户从化，无疑为从化区生物医药产业的发展注入了新的活力。

此外，从化区还以数字变革为关键一招，培育新质生产力。围绕人工智能、大数据分析、云计算、物联网、区块链等细分领域，从化区大力引进了一批具有核心竞争力的数字企业和数字化服务商。同时，从化区还坚持以“产业出题、科技答题、市场阅卷”为导向，统筹打好科技政策、产业政策、财政政策的“组合拳”，加速推进创新链、产业链、资金链、人才链“四链融合”。在优化营商环境方面，从化区以工程建设项目全生命周期数字化管理改革试点为抓手，打通审批监管数据链条，实行“一套材料、一次申报、并联审批、同步发证、全程网办”，极大地提高了项目落地效率。

接下来，从化区将坚定不移实施“生态为本、产业强区、绿色发展”战略，聚焦 345 知识型制造业，奋力在高质量发展的赛道上竞标争先，书写新时代的辉煌篇章。

激活乡村引擎，打造现代化产业体系

“百千万工程”是广州破解城乡二元结构，实现城乡区域协调发展和农业农村现代化的重要举措。产业集聚、山水相依、良田连片、生态优美……从化区实施高位推动，在全局上谋划、在关键处落子，做大做强优势产业的同时，积极盘活乡村资源，致力打造镇村发展新引擎，带动群众增收致富。

从化区作为农业产业强区，发展乡村经济更加注重多元化发展。从化区江埔街锦

从化区将坚定不移实施“生态为本、产业强区、绿色发展”战略，聚焦345知识型制造业，奋力在高质量发展的赛道上竞标争先。图为广东从化经济开发区

一村是广东省“百千万工程”典型示范村。该村以创办村级公司为抓手，短短三年实现村集体经济从2020年的9.15万元，到2022年30.62万元，再到2023年突破500万元。

锦一村是如何实现乡村经济蝶变的？锦一村党总支书记、村委会主任黄润财介绍，该村积极探索农村集体经济公司化运作、市场化经营模式，成立广州从化锦一农业经济发展有限公司，由锦一经济联合社100%持股，运营收益归村集体所有。

有了集体经济公司作为基础，锦一村集全村之力打造好特色产业品牌。锦一村在做好“土特产”这篇文章上，找准了三个关键字：“土”，积极挖掘整合村内千亩农田、万亩林地资源，因地制宜、因势利导发展契合本地气候、水源、土壤条件的种养业，在土地托管的基础上统一培育荔枝、西红柿等优质适销农产品品种，充分保障了农产品质量；"特"，注重突出地域特色，深度开发"锦洞西洋菜""锦洞马岗鹅"等多个自有品牌，积极做优农产品地理标志；"产"，努力延长产业链、价值链，开展农产品规模化种植、初深加工等业务，依托电商平台、冷链物流等方式拓宽本村农产品销路，打响"锦壹农心"品牌，进一步发展休闲度假游、农业体验游等旅游新业态，实现了农旅互促的联动效应。

丰富的乡村资源，为从化镇域经济发展带来了无限可能，越秀风行国家级田园综合体项目以"国企带动社会资本、运营前置市场化运作、三产融合联农带农"的可持续、市场化乡村振兴模式，获得政府和行业的一致好评，成为广东省"百千万工程"示范项目、粤港澳大湾区农文旅学度假目的地。

越秀风行国家级田园综合体项目位于从化区鳌头镇，是全国第二批试点中广东省唯一一座国家级田园综合体。该田园综合体项目涵盖农业、畜牧业、旅游业和教育培训业等多种业态，构建了农文旅学融合的现代乡村产业体系。

踏入越秀风行国家级田园综合体，万亩良田产业园内白鹤翩翩翱翔其间，连片稻田一季一景，风吹稻浪飘香，独属乡村的松弛感扑面而来。项目按照"4+X"整治模式，统筹推进农用地整理、建设用地整理、河道治理与生态修复、农村基础设施 4 大类建设内容，这也使从化区获批成为全国唯一以县域为单元开展全域土地综合整治的试点地区。

"这里以前内涝严重，每当下雨乡亲们连觉都不敢睡，经过改造，不仅能睡安稳觉，群众的腰包也鼓了不少。"龙潭村党总支书记夏敏光对未来发展充满信心，借着打造国家级田园综合体这一利好，今后要鼓励外出村民返乡创业，把乡村经济做大做强。

越秀风行国家级田园综合体项目辐射大，覆盖面广，项目涵盖了多种业态，形成了一个综合性产业集群。越秀集团乡村振兴办公室负责人介绍，"我们通过'村公司＋合作社＋投资者'模式，鼓励村社合作创业，增加村集体和村民的收入。每年提取项目公司净利润的 6% 用于当地生产生活提升，优先录用本地村民，带动青年返乡。"当前，

从化区做大做强优势产业的同时，积极盘活乡村资源，致力打造镇村发展新引擎，带动群众增收致富。图为越秀风行国家级田园综合体项目一角

越秀风行国家级田园综合体项目共计推动流转土地 470 亩以上，首期房屋及废旧厂房租赁超 10000 ㎡，带动村民参与建设、入股创业，推动当地村集体年收入由 25.43 万增长到 36 万、房屋出租率由 20% 增长到 40%。

天天惦记·结婚小镇正是越秀风行国家级田园综合体打造的项目之一，该项目以“喜”文化开发为核心，以婚庆民宿为载体，将文、旅、农三位一体农旅融合，这赋予了过去缺乏特色的村子生动的文化 IP。

走进结婚小镇，只见原本破败的房屋被统一装饰成民国风的主题小院，院内中西餐厅、婚姻登记处、礼堂一应俱全。项目负责人许剑虹坦言，婚庆作为链条最长的产业，将甜蜜爱情与乡村振兴的美好愿景完美结合，“新人来这边登记之后，还可以在此举办婚礼、度蜜月，住进我们的精品民宿，深度体验乡村田园生活。”这一特色 IP 也吸引了众多游客前来打卡度假，不仅带动经济发展，也让当地村民实现家门口就业。结婚小镇所在的旧墟风情街商铺20年租期可为村民、村集体累计增收超1亿元，这让昔日的落后村庄焕发出新的生机与活力。

城乡风貌提升，绘制美丽宜居乡村画卷

在从化区，一场围绕"百千万工程"的深刻变革正在悄然进行。该区坚持"一镇一策""一村一策"，制定《典型区、镇、村重点任务和项目清单》，以因地制宜打造亮点的思路，将美丽乡村结合特色小镇、美丽墟镇等一同打造，连点成线，扩线成面，有计划、有步骤地打造美丽乡村群，逐步形成一批典型的美丽乡村生态旅游区域品牌。

如今，从化的乡村经济如日中天，城乡面貌焕然一新。漫步在这片充满生机的土地上，一幅幅百姓安居乐业、乡村美景如画的动人画卷正徐徐展开。

在良口镇，清澈的溪流宛如一条碧绿的绸带，穿村而过，将山水田园的宁静与广州国家版本馆、从都国际论坛等国际化元素巧妙融合。从化区"生态设计"乡村振兴示范带更是以创建国家级示范带为目标，以新老温泉一体化为核心，全力推动示范带建设。如今，28公里长的生态设计新乡村生态廊道及碧道已全线贯通，成功构建了生态设计产业、现代马业、高端会议会展业、乡村民宿业、酒店餐饮业等多产业融合的产业集群，为乡村经济注入了新的活力。

此外，从化区还致力于打造集农耕文化、科普教育、乡村文化、旅游观光为一体的龙潭村越秀风行国家级田园综合体，贯通产供加销，融合农文教旅，为乡村振兴注入了新的文化内涵。同时，该区还邀请了华南理工大学建筑学院、广州市城市规划设计有限公司等专业技术团队，为吕田镇、鳌头镇等镇街的人居环境品质提升、农房质量安全风貌提升等重点工作提供常态化技术支持，确保乡村建设的科学性和可持续性。

美丽宜居乡村的打造并非一朝一夕之功。从化区始终坚持市、区级美丽乡村共同创建的原则，加快实施道路、公园、公厕及村容村貌综合整治。当前，从化区各镇（街）

连点成线，扩线成面，有计划、有步骤地打造美丽乡村群，逐步形成一批经典的美丽乡村生态旅游区域品牌。图为生态设计小镇

累计完成“四沿”区域农房美化改造1790余栋；开展“五边”“四旁”绿化美化工作，完成植树9.7万株，有效补齐了美丽乡村基础设施建设的短板，提升了乡村的村容村貌和人居环境水平。

接下来，从化区将继续抓好首批13个典型村培育提升工作，2024年努力打造47个新的典型村。不断深化乡村振兴战略，努力打造更多宜居宜业、和谐美丽的乡村新画卷，让人民群众在乡村振兴的进程中共享更多发展成果。

深圳南山：厚植新质生产力，赋能“百千万工程”

“百县千镇万村高质量发展工程”（以下简称“百千万工程”）是广东高质量发展的“头号工程”。全省各地坚持从实际出发，抢抓发展机遇，推动“百千万工程”不断走深走实，开创广东城乡区域协调发展新局面。

深圳市南山区按照相关工作部署，高位推动各项工作有序开展。从投资共建产业园区，到资源共享实现“双向成就”，南山以“头号工程”力度抓紧抓实“百千万工程”落地见效，跨区域产业协同效应渐显，区域协调发展之路越走越宽、越走越顺。

机器人应用场景走街进厂、无人机引领低空经济发展、AI大模型爆发式增长……作为先锋代表的南山同样把创新作为城区发展的第一动力，大力发展新质生产力、不断培育发展新动能，助力“百千万工程”。

“园区共建”引导产业有序转移

为贯彻落实“百千万工程”的战略部署，深圳市南山区坚持“政府引导、市场主导、国企运营、利益共享”的南山产业共建模式，聚焦引导产业有序转移，在江西吉安、广东河源和深汕特别合作区建设运营若干个异地共建产业园区（以下简称“共建园区”）。

南山城区俯瞰图

河源市连平县受制于生态发展目标，工业基础较薄弱。南山（连平）共建产业园作为深圳全面对口帮扶协作河源的重点项目之一，引进了 11 家生产型企业进驻，目前园区进驻率近 93%，2023 年综合产值超 10 亿元。进驻企业严格按照“总部在南山 + 生产基地在河源”的产业转移要求，释放了南山产业空间，是南山探索“飞地经济”的首创园区。

2024 年初，在“百千万工程”高质量发展的牵引下，南山—濠江产业协同发展基地濠创园（以下简称“濠创园”）在南山区揭牌。濠创园将濠江的地方特色与南山的科技创新等优势结合，推出“濠江珍好”系列产品，助力濠江产品走出去。

“建设濠创园，是为了解决濠江本地企业创新能力不足、市场拓展难度较大等问题。”深圳对口帮扶协作汕头指挥部驻濠江区产业协作工作组组长成天骄表示，南山区从创新资源导入和产销平台建设等方面切入。濠创园通过与深圳清华大学研究院的紧密合作，结合 12 家协会（企业）协作单位的资源，形成了强大的知识与技术支撑体系。

据了解，南山区以异地共建产业园区为主平台，即以飞地经济为主抓手，协同推进产业转移、产业帮扶、乡村振兴，这种有机结合的帮扶协作新方略，助力巩固拓展脱贫攻坚成果和乡村振兴有效衔接，成效明显。

南山区发展异地共建产业园，形成飞地经济，旨在贯彻广东省委“百千万工程”，扛起联动异地高质量发展责任，促进当地制造业快速扩大规模，提高企业主体质量，给当地带来一定规模税收和大量就业岗位，带动当地配套服务逐步完善，助力巩固脱贫攻坚成果。同时，扩展南山区产业发展空间，打造“总部＋基地”“研发＋生产”的产业链式集群发展，带领异地“链上融合”同步致富。

无人机引领低空经济“展翅高飞”

“中国无人机看深圳，深圳无人机看南山”。

美团无人机外卖已经在南山开通了 8 条航线，丰翼科技已经开通了 7 条常态化低空物流航线、2 条空中血液运输航线，可以实现紧急情况下的血液快速调配……资料显示，无人机相关产业的发展仅是南山区低空经济领域发展的一部分，南山区拥有低空经济相关企业超 500 家，产值超 550 亿元，已在全国率先开展商业化应用，并探索前海一蛇口低空经济先导区建设。

助力“百千万工程”，南山非常注重激发新质生产力的赋能效应。低空经济是发展新质生产力的重要支撑，在培育壮大经济新动能、拓展城市发展空间、赋能社会治理等方面具有重要意义。南山区已形成一定规模的低空产业生态。数据显示，2022 年该区无人机产业总产值超 550 亿元，规模约占全国 50%、占全市 73%；链上企业超 150 家，无人机龙头企业集聚。

大疆是南山发展低空经济的佼佼者。大疆 2012 年发布了精灵 1 代开启了消费级无人机的新时代，让更多普通消费者能够上手即飞。2016 年发布全球首款可折叠无人机 Mavic Pro ，进一步把消费级无人机缩小到矿泉水瓶大小，将无人机带向了更多的应

美团无人机外卖在深圳人才公园运行

用场景，无人机的功能也越来越强大。

成立于 2014 年的深圳市道通智能航空技术股份有限公司（以下简称道通智能）一直致力于避障技术攻克。2018 年道通智能发布的 EVO 一代产品，是该公司第一款可折叠便携式无人机，实现了前后双向避障；2020 年发布的 EVO Ⅱ系列无人机，实现了全向避障；2023 年发布的 EVO Max 系列无人机，采用“双目鱼眼视觉 + 毫米波雷达”的多源传感器融合感知技术，是目前业内极少数拥有全天候导线级避障绕障功能的无人机产品。

深圳市已于 2022 年底出台《低空经济产业创新发展实施方案（2022—2025 年）》，2023 年深圳市政府工作报告明确提出建设低空经济中心的目标。

南山区在市场培育方面也在积极出台相关扶持政策。2024 年 3 月，《南山区促进产业高质量发展专项资金管理办法》发布，新增《南山区促进低空经济发展专项扶持措施》，主要从引培低空经济产业项目、提升自主创新能力、支持低空基础设施建设、发展低空飞行和综合服务业、支持低空经济企业走出去、加大低空经济金融服务支持等方面予以支持。其中，对于新引进、符合条件的低空经济企业，给予最高 1 亿元的一次性落户奖励。

为“人工智能 +”营造良好创新生态

3 月 2 日，深圳官宣支持开源鸿蒙原生应用发展的年度计划。半个月后，首个鸿蒙生态创新中心在南山揭幕。这一公共技术服务平台将形成“虹吸效应”，吸纳人才及产业链上下游伙伴共商、共谋、共享鸿蒙产业发展，为推动深圳朝着打造全球“鸿蒙欧拉之城”的目标再加力。

目前，累计近 270 家生态伙伴参与开源鸿蒙开源社区生态共建，落地 510 多款产品。如今，鸿蒙生态创新中心启用，意味着从深圳南山走向全国乃至全球鸿蒙生态繁荣发展的新篇章正式开启。

南山是经济大区、科技强区、创新高地，同时也是深圳市乃至粤港澳大湾区数字经济发展的主要承载区，数字经济产业、软件和信息技术服务业发展成绩显著，拥有腾讯、中兴通讯等龙头企业。

经过几十年发展，南山已将软件与信息服务业培育为千亿级增加值产业集群。2023 年，南山区互联网和软件信息产业规上企业达 1497 家，占全市比重达 66.07%，实现营业收入 6793.76 亿元，占全市比重达 74%。2024 年一季度，南山以软件业为代表的营利性服务业发展态势良好，有望取得新突破。

2024 年，“人工智能 +”首次写入深圳市政府工作报告，AI 大模型等技术呈爆发式增长。南山区率先布局，为人工智能产业发展营造良好的创新生态。

南山区人工智能产业涵盖基础层、技术层和应用层完整产业链；截至 7 月 30 日，

深圳南山（连平）产业园一期

南山区 AI 企业总数已超 1300 家，高新技术企业超 850 家；南山区已有近 70 项算法产品获批深度合成服务算法备案，占全市比例近八成。深圳市 3 个省级人工智能产业园均位于南山区，南山区人工智能企业开发的大模型、垂类模型数量领跑全市。

6 月 3 日，2024 深圳人工智能生态大会暨“模力营”AI 生态社区揭牌仪式在南山区神州数码国际创新中心举行。首批 11 家人工企业已经签约入驻“模力营”。南山区将以“真金白银”，为入驻企业提供 2 年免租优惠，并提供算力、空间、场景应用三方面支持，助力企业在此安心发展。企业拎包入驻后，不仅可以享受两年免租优惠，还能获得高额算力补贴，以及来自七大公共服务平台的支持。

当天的活动现场举行了深创赛首届“人工智能领域挑战赛”启动仪式、南山区人工智能场景应用示范“揭榜挂帅”项目征集启动仪式。大赛汇聚全球创新创业新星，加速探索人工智能技术在医疗、交通、教育等领域的应用，为产业输血，以未来科技点亮智慧生活。

创新之区拥抱人形机器人产业

2024 年 3 月，深圳“20+8”产业集群 2.0 版本上线，将人工智能产业、机器人产业、智能机器人产业列入“20+8”战略性新兴产业集群和未来产业，相继制定印发相关行动计划，从顶层规划出发，助力深圳产业高质量发展。

2024 年 4 月 16 日，广东省具身智能机器人创新中心在深圳南山揭牌。机器人“集体开会”的场景，一时成为网络热议。

“具身智能”即 Embodied AI，是指将人工智能（AI）技术与机器人技术结合，使机器具备在物理世界中感知、理解和行动的能力。在具身智能技术引领下，人形机器人将获得感知和认知世界的能力，有望改变人类生产生活方式。

据了解，具身智能机器人创新中心旨在汇聚广东省在人工智能与机器人领域的学术、研究及产业资源，构建产业服务平台，推动形成自主、可控的具身智能机器人产业集群，促进人工智能与机器人在医疗健康、人才教育、城市管理、特种工业等领域的持续创新。

创新中心将紧密围绕国家的实际需求与行业的应用场景，全力以赴推动产业的健康发展。同时，通过科学的行业引导，整合算力、人才、数据等核心资源，形成产业链上下游协同发展的合力。此外，凭借体制机制优势，创新中心高效组织各单位协同分工，抓住时间窗口集中攻关，以尽快实现关键能力的突破。

创新中心所在的深圳南山区是深圳市机器人第一大区。2023 年，南山区机器人产值实现 621.19 亿元，增速达 14.16%；增加值实现 56.74 亿元，增速达 24.93%，占全市比重高达 59.35%。

机器人产业集群是深圳市“20+8”产业集群 2.0 版确定在南山区重点布局的五大

2023 年度南山区经济类突出贡献企业 TOP 峰会鸿蒙生态合作签约仪式

优势产业集群之一。南山区定位为机器人研发创新、中试验证、高端制造集聚区，成立了机器人产业集群工作专班，由分管区领导牵头推进机器人产业集群培育工作。目前，南山区集聚了一批优质机器人企业，具备完整的产业链闭环，搭建出完善的机器人创新生态体系。去年底，广东省具身智能机器人创新中心落地南山。2024 年 4 月，南山智园二期获国家级智能产业园区授牌。南山区将结合老旧工业园区改造提升工作，探索建设机器人专业园区和楼宇。

南山区拥有大疆、普渡科技、越疆科技、优必选、乐动机器人、无限动力和固高科技等龙头企业；拥有潜行创新、雷赛智能、道通智能等隐形冠军企业。南山区无人机发展全球领先，工业机器人控制系统全国领先，服务机器人加速蓬勃发展，人形机器人占据先发优势。

“有效市场 + 有为政府”营造一流营商环境

“南山因企业而欣欣向荣，企业因南山而熠熠生辉。”在 2023 年度南山区经济突出贡献企业 TOP 峰会上，南山区委负责人对一众与南山区实现双向奔赴的企业“深情表白”。

2023 年，南山地区生产总值 8566 亿元，固定投资总量 1808.12 亿元。在这场被誉为企业界“奥斯卡”盛会上大咖云集，翻阅 2023 年度南山区各行业经济贡献十强企业名录，个个都是重量级的存在，广东经济第一区的吸“金”力之强由此可见一斑。

扎根南山区三十载的中兴通讯，从 2G 跟随到 5G 领跑，再到“数字经济筑路者”，逐步成长为全球通信龙头企业，谈及企业发展及战略谋划时，中兴通讯表示，接下来将紧密围绕南山区的产业地位，立足深圳、扎根南山，着力发展 5G 及 5G-A、服务器及存储、创新业务，以“5G+AI”为新质生产力发展注入更多新动能。

近年来，南山区坚持“有效市场 + 有为政府”，全力营造一流营商环境。不仅推出了新修订的《南山区促进产业高质量发展专项资金管理办法》，构建了“1+4+N”产业扶持政策体系，向海内外广大企业发出热情邀约，对新引进的企业提供最高达 1 亿元的资助，此外，在服务方面，搭建“i 南山”企业服务综合平台，推出近 80 项涉企服务，企业“找政策、找空间、找资金、找人才、找市场、找服务”一键搞定。落实深圳市“万名干部助企行”部署，2023 年，全区 1875 名干部联系服务规上企业近万家，累计办理企业诉求 4618 项。实施“招才引智”加速计划，累计引进高水平科技创新团队 77 个。

在南山区这片充满机遇的土地上，大企业和小企业共同构建着一个充满活力的热带雨林式营商环境。南山区以其高质量的发展环境，吸引着各类企业在此扎根，形成了既有参天大树也有葱郁小草的多层次、多样化产业生态系统。这样的环境不仅促进了产业的多元化发展，也为大企业和小企业提供了共生共荣的平台，使得整个区域经济呈现出蓬勃的发展态势。

深圳福田：
创新驱动，探索中心城区发展新路径

自广东省“百千万工程”部署以来，深圳市福田区以高度的责任感和使命感，深入推进各项任务，取得了显著成效。2024 年 6 月，广东省委农村工作会议暨深入实施“百千万工程”推进会在广州召开，会议通报了 2023 年度省“百千万工程”考核评价结果，福田区位列创先类优秀等次第一名，再次彰显了福田区在推动高质量发展中的引领作用。

福田区作为深圳的中心城区，经济总量和各项指标均位居全国县区前列。自“百千万工程”实施以来，福田区锚定“城区、街社、区域协同”三个高质量发展目标，创设“首善度”概念，从发展、治理、文明、民生、环境五大维度，构建中心城区高质量发展指标体系。福田区各项指标时刻对表对标当前最优城区，充分体现首善之“首”。

精准施策，打造高质量发展样板

福田区在推进“百千万工程”过程中，精准把握资源禀赋、产业链条、政策环境等结构性比较优势，因地制宜走出差异化的高质量发展道路。福田区通过创设“首善度”概念，从五大维度系统推进高质量发展，取得了显著成效。

在福田区的发展蓝图中，智慧城区建设是重要一环。在 2023 智慧城市发展高峰论坛上，福田区荣获"2023 中国领军智慧城区奖"，标志着其在智慧城市建设方面的努力与成就得到了国家信息中心及参会专家的高度认可。

近年来，福田区致力于推动人工智能与管理服务的深度应用，通过制定一系列行动方案，如《打造人工智能应用示范区实施方案（2019-2020 年）》和《推动人工智能产业高质量发展高水平应用行动方案（2023—2025 年）》，明确了打造"人工智能算力、产业聚集、技术创新、应用示范、人才培养、数据要素、政策支持"七个高地的发展任务。

福田区积极探索智慧城市管理新模式，通过大数据、云计算、人工智能等先进技术，提升城市管理效能。其中，福保街道探索打造的智眼、智脑、智网、智体"四智融合"全域治理体系，助力街道市容环卫保持全市街道第一名，荣获全国"绽放杯"5G 应用大赛一等奖等多个奖项，成为"百千万大比武"成果转化为基层治理现代化的生动实践。

在福田区，人工智能应用已经渗透政务服务、城市管理、教育、医疗、养老等多个领域。以政务服务为例，福田区在全国率先推出"盘古政务大模型"，结合福镜 CIM 平台，提供实时问答互动、智能秒批、政策推送、实景展示等智慧政务服务，极大地提高了政府服务效率和市民满意度。而在城市管理方面，福田区依托"智脑、智眼、智网、智体"四智融合理念，构建起了全域感知平台，实现了对城市立体空间的全方位感知和智能化管理。

在智能教育领域，福田区也走在了前列。明德实验学校探索将机器狗应用于人工智能课堂，借助可编程的智能教具设备，通过识别人的手势、语音指令，执行相应动作；在石厦学校初中部，AI 教学一体机则被应用于英语听说教学的试点实验。这些创新举措不仅激发了学生的学习兴趣，也提升了教学质量。

此外，福田区在智能交通、智能养老、智能环卫等领域也取得了显著成效。比如，联合海梁科技全球首发并试运行阿尔法巴智能驾驶公交，开创了中国公交智能驾驶的先河；推出居家适老化养老智慧交互屏，集娱乐、健康助理和养老于一体，为老年人

在推进“百千万工程”过程中，福田区还注重创新驱动，打造未来之城，依托科技创新，推动产业转型升级，培育新兴产业，不断提升区域竞争力。图为福田区 CBD 航拍　图 / 福田区政府在线

提供了更加便捷、舒适的生活体验。

值得一提的是，福田区还通过建设数字孪生平台、完善公园公共设施、加大保障性住房建设力度等措施，不断提升城市品质和居民生活质量。计划中包括博物馆新馆的开工建设、公园设施的完善，以及打造一流的绿色智慧城区等。特别是保障性住房的建设，福田区计划建设筹集超过 6000 套保障性住房，以满足更多市民的居住需求，这一举措不仅解决了一部分家庭的住房问题，也展现了政府的温情和社会的进步。

未来，福田区将继续深化智慧城市建设，探索数字应用新场景，构建社会治理现代化治理体系，提升基层治理现代化水平。

区域协同，加强对口帮扶协作

福田区在推进“百千万工程”中，不仅注重自身发展，还积极履行社会责任，开展对口帮扶协作。福田区与惠州博罗县、潮州湘桥区、河源市和平县等建立了长期稳定的帮扶合作关系，通过资源共享、优势互补，共同推动区域协调发展。

福田区与河源市和平县的双向推介活动，正是这一战略部署的生动实践。2023 年 9 月 27 日，一场以“福和同庆，美好相觅”为主题的福田 — 和平共促区域协同高质量发展双向推介活动在深圳市福田区印力中心盛大启幕。活动现场，来自和平县的 43 家企业带来了琳琅满目的农副产品和非遗技艺传承，吸引了众多深圳市民和游客的目光。从颗粒饱满的优质大米到香甜多汁的猕猴桃和百香果，从营养丰富的高山有机茶油到色泽金黄的柴火腐竹，这些农产品不仅展示了和平县的农业特色，也为深圳市民带来了舌尖上的享受。

福田区与和平县的此次合作，不仅促进了农产品的流通，更在文化旅游、产业帮扶等多个领域实现了深度融合。福田区香蜜湖街道作为文化与商业的交汇点，以其卓越的地理位置和丰富的商业空间体验，为和平县的农产品和文化旅游资源提供了一个展示和销售的广阔平台。通过直播带货、产品展销、旅游线路推荐等多种方式，福田

福田区住房和建设局搭建的智慧物业监管系统，运用云计算、大数据、人工智能等技术，实现全面覆盖和精准监管，为城市治理智能化发展注入新活力。图 / 福田区政府在线

区有效推动了和平县的优质产品走向更广阔的市场，为当地经济发展注入了新的活力。

福田区在推动区域协调发展的道路上，从未止步。除了与和平县的深度合作，福田区还与惠州博罗县、潮州湘桥区等地建立了对口帮扶协作关系。在福田 — 博罗双向推介活动中，博罗县带来了 300 余种特色产品，涵盖了文化旅游、餐饮、助农发展等多个领域。活动现场，近 30 家达成意向合作的企业和协会现场签约，成功构建了两地深度合作的可持续销售渠道。福田区与博罗县的合作，不仅为博罗的优质产品打开了更广阔的市场，也为福田区的市民带来了丰富的文旅体验和美食享受。

在福田 — 湘桥的合作中，福田区更是创新性地建立了“福田 +1”工作机制，即福田区人民政府、湘桥区人民政府、深圳市 — 潮州市产业转移合作园区管理委员会三方签订福田 — 湘桥共建现代产业园合作框架协议。通过这一机制，福田区与湘桥区在园区建设、产业协作、招商引资等方面取得了显著成效。中潮科创园作为福田 — 湘桥共建产业园区的重点项目之一，已经吸引了多家高科技企业入驻，为当地经济发展注入了新的动力。

通过一系列创新举措和务实行动，福田区不仅为对口帮扶地区带来了实实在在的发展机遇和经济效益，也为自身的高质量发展注入了新的活力和动力。未来，福田区将继续深化与各县区的合作与交流，共同书写区域协调发展的新篇章。

创新驱动，打造未来之城

在推进“百千万工程”中，福田区还注重创新驱动，打造未来之城，依托科技创新，推动产业转型升级，培育新兴产业，不断提升区域竞争力。福田区作为深圳开发最早、发展最成熟的城区之一，凭借其独特的地理位置和丰富的资源，成为深圳创新发展的重要引擎。

福田区拥有众多核心产业，其中科技创新是福田区的一张闪亮名片。近年来，福田区大力推动科技创新高质量发展，通过实施一系列创新举措，激发企业创新创业活力，提升企业自主创新能力。福田区内的国家高新技术企业数量已突破 1500 家，创新载体数量也位居深圳市前列。这些企业和载体在智能终端、新能源、软件和信息服务业等领域取得了显著成果，成为福田区经济发展的重要支撑。

除了科技创新，福田区还积极打造总部经济、服务经济、楼宇经济、数字经济等新兴产业。福田区内的中央商务区（CBD）是深圳市最重要的商务区之一，聚集了众多国内外知名企业总部和金融机构。同时，福田区还通过推动楼宇经济高质量发展，打造了一批高端商务楼宇，吸引了大量优质企业入驻。这些新兴产业的蓬勃发展，为福田区的经济增长注入了新的活力。

福田区在创新驱动方面取得了显著成效，其特色亮点也层出不穷。首先，福田区积极构建都市型科创区，以河套深港科技创新合作区为“主阵地”，深化支持全面创新体制机制改革。通过优化创新环境、提升创新服务，福田区吸引了众多海内外科技

2023 年 11 月，福田与博罗两地签订《福田—博罗共建现代产业园合作框架协议》，携手构建“福田总部＋博罗生产基地”飞地经济发展模式。图／福田区政府在线

龙头企业和高端科研机构入驻，形成了浓厚的创新氛围。

其次，福田区注重打造优质产业空间，通过实施“飞地经济”等模式，拓展更大范围的经济腹地。深博（福田）产业园就是福田区“飞地经济”的典范，该产业园聚焦新质生产力，承接广深莞三大产业资源转移，成为福田区拓展先进制造业的新空间。

此外，福田区还积极推动城市精细化治理，利用大数据、云计算等信息技术打造城市“最强大脑”。通过实现数据共联共享，福田区打通了司法、公安、交通等多个条状业务系统，提升了社会治理的科学化和精准化水平。这种创新的城市治理模式，为福田区的未来发展奠定了坚实基础。

接下来，福田区将继续深化创新驱动发展战略，推动产业转型升级和高质量发展。通过打造更多创新载体和优质产业空间，吸引更多高端人才和企业入驻；通过优化城市治理和服务水平，提升居民的幸福感和获得感。

深汕特别合作区：做实做强东部板块高质量发展战略引擎

党的二十届三中全会提出，城乡融合发展是中国式现代化的必然要求，必须统筹新型工业化、新型城镇化和乡村全面振兴，促进城乡共同繁荣发展。深汕特别合作区作为深圳深入实施“百千万工程”的主阵地，锚定打造深圳产业转移承载地、新引进重大产业项目目的地和粤东高质量发展孵化器，做实做强东部板块高质量发展的战略引擎目标，协同推进新型工业化、新型城镇化、乡村振兴等关键任务，以其独特的以产兴城、以城带乡、以工哺农、产城乡融合发展路径，展现出了强大的发展驱动力和广阔的发展前景。从 2018 年至 2023 年，合作区地区生产总值年均增长 26%，固定资产投资年均增长 40%；2024 年上半年地区生产总值完成 100.65 亿元，同比增长 65%；规上工业产值 256.98 亿元，同比增长 309.9%。

在这片发展热土上，曾经的传统农渔小镇，如今随处可见热气腾腾、日新月异的场景，通过引入新能源汽车产业龙头企业，高质量发展驶入“快车道”，处处迸发着干事创业的激情活力。

以产兴城：全面提升区域经济综合实力

党的二十届三中全会提出，高质量发展是全面建设社会主义现代化国家的首要任务，

深汕比亚迪汽车工业园二期鸟瞰图

要加快推进新型工业化，培育壮大先进制造业集群，推动制造业高端化、智能化、绿色化发展。

深汕特别合作区坚持以产兴城、产城一体的发展导向，将建设现代化产业体系、发展新质生产力作为核心任务。以全域建设深圳新一代世界一流汽车城核心承载区为目标，制定《深圳市深汕特别合作区打造新一代世界一流新能源汽车城发展规划（2023—2030年）》，规划建设深汕智造城、小漠新能源汽车产业创新集聚区等一批重点园区片区。

目前，深汕特别合作区深入实施“大产业”立柱架梁行动，按照“1+3”的基本逻辑打造“一主三辅”产业发展体系（其中“1”是新能源汽车产业，“3”包括新型储能、新材料、智能制造机器人产业），为区域经济增长注入强劲动力。着力构建以比亚迪为龙头引领全产业链的格局。其中，一期已实现达产满产，174条产线实现满负荷运作，预计2024年产值超100亿元；二期西地块已实现单班达产，整车产能约750辆/天，已累计生产整车约8.6万辆，预计2024年整车生产25万辆、产值600亿元；东地块已全部完成征拆，整体交付并全面进场施工，仰望U9生产线正式投产，2025年底将具备年产100万辆整车生产能力。2024年7月，比亚迪正式宣布追加65亿元签约比亚迪深汕三期项目，建设电池PACK线及新能源汽车核心零部件工厂，这标志着比亚迪电池、电机、电控产业链完整落户合作区，比亚迪深汕厂区的全链条生产制造能力将进一步完善。

与此同时，深汕特别合作区实施“大招商”增量提效行动，着力引进一批投资大、产值高、发展潜力大的优质企业、项目，重点围绕比亚迪上下游产业链精准高效招商，保持工业投资、工业产值快速增长。近3年来，合作区已对接项目超1000家，储备汽车细分领域企业超170家，已签约项目36个，总投资额超900亿元，迎来了以京西重工、延锋国际、东风李尔、壁虎汽车、佛吉亚等头部企业为代表的新能源整车及零部件产业集群落地。力劲科技、速腾聚创等新能源汽车T0级供应商也都在合作区布局了先进产能。近期成功举行产业投资促进大会，现场签约19个项目，总投资超百亿元。

深汕特别合作区通过实施“大平台”提级赋能行动，规划建设新型储能、新材料、智能制造装备等产业发展平台载体，推动产业多元化发展。西部深汕智造城引进德方纳米、协鑫等重大产业项目，规划建设华南地区唯一的高端电子化学品专业园区，目前已落地高发、华特鹏等企业，新签约长盛科技、博纯等6家企业，着力打造深圳市半导体材料产业发展核心区、国内电子化学品园区标杆基地。东部智能制造装备产业园区已引进华睿丰盛、显控科技等机器人企业和深汕湾科技城、锐博特等平台项目。

深汕特别合作区实现了从大项目“单打独斗”到优质项目集优成势、聚力升级的转变，区域经济高质量发展的“筋骨”越来越强，接下来还将不断促进各类先进生产

小漠国际物流港为产业出口赋能，切实提升各产业配套环境。

要素向发展新质生产力集聚，塑造发展新动能新优势。

以城带乡：着力推动城乡一体化发展

构建产业升级、人口集聚、城镇发展良性互动机制；在发展中保障和改善民生是中国式现代化的重大任务。

深汕特别合作区坚持“既建好城，又守好乡”，突出与深圳“同城同质同效”，产业高质量发展与基础配套提升齐头并进，服务保障项目招引和民生福祉，努力建设高品质生活新示范区，满足群众对美好生活的向往。

实施“大环境”优化融通行动，提升产业配套环境，为产业发展提供坚实支撑。小漠国际物流港一期建成 2 个 10 万吨级泊位和 1 个 5 万吨级泊位，目前已累计出口超

5万辆、开通6条滚装外贸航线，预计今年出口7万辆以上、新增外贸航线4条以上。推进城乡交通路网一体建设，广汕高铁开通运营，深汕高铁加快建设，深汕枢纽已开工建设，加快融入"深圳半小时、广州40分钟"高铁生活圈；深汕西高速改扩建合作区段2024年8月底完工；通港大道全线贯通，内外联系更加便捷顺畅、紧密高效。

同时，完善水电气等配套设施，建成500千伏变电站、赤石河应急引水工程、小漠比亚迪二期气化站等项目，加快推进红海湾海上风电、深汕引水工程等项目建设。近年来全面实施人居环境提升等民生工程，实现了全区自然村通村道路硬化、农村集中供水、污水收集处理、生活垃圾转运处理、农村5G网络及千兆光纤网络、村村通公交等6个100%覆盖。

实施"大民生"融合发展行动，导入优质公共服务资源，让群众在建设发展中得到更多实惠。教育方面，总投资156亿元规划建设12所新学校，已建成2所，提供5520个学位；全市规模最大的深圳中学深汕高中园已投入使用，面向深圳全市和合作区招生3300人；深圳职业技术大学深汕校区正加快开工建设。住房方面，总投资近105亿元规划建设10个保障性住房项目，共1.89万套，将为近6万人实现在合作区"住有所居、住有宜居、住有乐居"。医疗方面，总投资17.5亿元布局优质医疗资源，北京大学深圳医院深汕门诊部已运营；深汕人民医院主体封顶，计划2025年底投用。通过全面完善民生保障体系提升了产业工人、拆迁村民等群体的生活品质，让其充分享受发展红利，从而支持并融入合作区发展进程。

接下来，深汕特别合作区将持续加强普惠性、基础性、兜底性民生建设，集中力量把民生实事办好，将发展成果转化为群众可及可感的民生福祉。

以工哺农：持续提升乡村内生发展动力

党的二十届三中全会提出，要完善强农惠农富农支持制度，坚持农业农村优先发展，壮大县域富民产业，培育乡村新产业新业态。

深汕特别合作区不断探索产城融合的发展新模式，推进“百千万工程”。

深汕特别合作区通过实施村企合作反哺、带动就业反哺等行动，不断完善联农带农机制，带动土地等闲置资源、沉睡资产活起来、动起来，实现产业兴旺、群众增收致富，充分激发“百千万工程”内生动力。

积极创新村集体留用地全周期共建共享机制，依托国企开发村集体留用地、打造新型产业空间，推动资源变资产、资金变股金、农民变股东，让发展红利惠及村集体，增加农民财产性收入。已形成了蛟湖村、云新村、大安村、百安村等4种典型村企合作模式，成功落地蛟湖产业园等6个村企合作项目，诞生首个村集体收入突破千万元村；实现全区行政村集体经济年收入超10万元。6个行政村年收入超百万元，其中将诞生2个年收入突破千万元的村。

随着合作区产业的快速发展，基础设施、公共服务、生态环境等配套不断完善，之前选择到珠三角务工的本地人纷纷返回合作区上班，实现从“外出打工谋出路”向“就地就业建家乡”的转变。2023 年合作区人均可支配收入约 3.11 万元，同比增长 7.1%，高于汕尾市（3.08 万元）。以鹅埠镇老龙坑村为例，随着村庄周边比亚迪一期等多个重大项目的建设投产，周边村民们敏锐地捕捉到了这一机遇，自发组织起美食摊档，逐渐形成了一条备受欢迎的美食街。新开的商铺越来越多，现已形成集便利店、餐饮、药店等居民服务业于一体的微型商圈，每天吸引上万名产业工人打卡消费，村民的收入水涨船高，生活水平进一步提升。同时，村里也开展了新一轮的人居环境整治和美丽乡村建设，打造了舒适的四小园、绿道等休闲场所。后续还将联动区属国企，启动改造升级工程，盘活留用地新建产业园，村集体年合作收益预期将超千万元。老龙坑村在合作区产业建设的浪潮中焕发了新生，而产业外溢效应带来的村庄蝶变还在合作区内持续不断上演。比如，鲘门朝面山村、鹅埠下北村通过村企合作建起正气宴、正合宴等农家乐等。合作区将不断推动产业发展与乡村全面振兴有机融合，拓宽群众增收致富渠道。

当前，深汕特别合作区牢牢扭住“百千万工程”这个总抓手，全面推动产业发展、城乡建设，“产业链”成形聚能，“一主三辅”产业全面立起来、强起来，进而带动城乡面貌蝶变，正逐步构建起一座宜居宜业的现代化产业新城和城乡融合高质量发展新城，释放无限的活力潜能。未来，合作区将紧紧围绕党的二十届三中全会提出的改革任务部署，坚持推进新型城镇化工业化同乡村全面振兴相结合，探索更加高效、可持续的发展路径，致力于走出一条以产城乡融合发展建设现代化滨海新区、产业新城、田园都市的道路，绘就城乡区域协调发展新图景。

（朱孟超、罗琴月对本文亦有贡献）

香洲：
大力推动养老服务体系高质量发展

实施“百千万工程”，民生提优是关键，而老有所养、老有所依是事关人民群众切身利益的重大民生工程。

作为珠海市的主城区，近年来，香洲区发挥机构养老的平台载体作用，积极拓展居家社区养老服务，促进机构养老和居家社区养老的良性循环，由单一的养老服务机构蝶变成为具有示范意义的嵌入式、综合性、多功能、普惠性的综合养老服务平台。利用养老机构丰富的文体设施、活动空间以及专业的医护团队，香洲区探索设置日间照料中心、社区长者饭堂，为周边社区老人提供“文娱活动、日间照料、社区饭堂、医疗康复”等社区养老服务；统筹机构优质的医疗资源、专业团队，拓展居家养老上门服务，为周边的老年人提供覆盖助餐、助浴、助洁、助娱、居家照护、适老化改造、健康管理、精神慰藉等居家养老服务，打造“15 分钟养老服务圈”；创新打通政务服务与养老机构的连通渠道，设置为老政务服务专窗，将高龄津贴、长者饭堂、社会保险、医疗保险等高频事项纳入专窗服务，统筹解决“老年人一件事”，打通养老服务的“最后一公里”。

2024 年 10 月，由广东省委改革办组织遴选的 40 个《全省基层推进“百千万工程”集成式改革典型案例》出炉，首批公布的 10 个典型案例中，“香洲区培育发展居家社区养老服务”榜上有名。

打造高品质养老示范机构

“房间设施完备、每天伙食丰富，院里还经常组织各种各样的活动，公寓式管理也特别贴心……”说起入住香洲区区级养老机构“和园·颐养”的感受，年近七旬的朱阿姨赞不绝口。

“和园·颐养”项目，是香洲区扎实推进“百千万工程”，建设示范性、标杆性高品质养老机构的重点民生项目。自2024年6月29日正式启用以来，已有180多名长者入住，其中35名长者来自港澳地区。

据了解，项目前身是1992年建成的香洲区前山敬老院，用地面积约1万平方米，建筑面积4200平方米，养老床位123张，由香洲区前山街道运营管理。与其他许多公办公营镇街级养老机构一样，敬老院存在设施设备老旧、土地利用不充分、床位数量严重不足、运营效率不高等问题。

“和园·颐养”项目坚持高起点规划、高标准建设、高品质运营，在国企参与养老模式创新、服务银发经济发展、探索跨境养老合作等方面形成许多具有首创性的做法。这里不仅配套有恒温游泳池、电影院、健身房等完善的生活休闲娱乐设施，而且内设二级综合医院，重点建设了健康管理中心、慢性病管理中心、老年病诊疗中心、医学康复中心四大医学中心，通过医疗和养老一体化统筹管理，破解医养“结而不合”的难题，让入住的老人真正安享幸福晚年，实现从“养老”到“享老”的实力进阶。

香洲区民政局局长赵为敏表示，和园·颐养改革了建设运营模式，通过国企参与养老的引领示范，实现公办养老机构市场化建设运营和可持续发展，“1200张床位中，有120张为政府定价的兜底养老床位，用于保障特困老人兜底保障，剩余1080张床位为市场化运营床位，进行市场化的收费，满足多层次的养老服务需求，并反哺政府定价的兜底养老床位开支，实现项目的可持续运营。”

和园 · 颐养康养中心中庭　图 / 钟凡

统计数据显示，截至2023年底，香洲区共有60周岁以上户籍人口11万余人。作为珠海市的主城区，全市约一半的老人生活居住在香洲区，是我市养老服务体系建设的主阵地、主战场、主力军。

近年来，香洲区持续深化养老服务体系建设，聚焦粤港澳大湾区养老服务创新，积极探索智慧养老新模式，致力于打造粤港澳大湾区养老服务高地。经过几年的持续努力，香洲区养老服务设施建设、居家社区养老服务发展、智慧养老服务平台运营等得到了显著提升，服务体系不断完善，服务能力不断提升，老人的获得感、幸福感、安全感不断增强，形成了具有香洲特色的养老服务体系发展模式。

为弥补居家社区养老服务市场发展滞后的不足，香洲区决定由区属国企珠海正圆城市运营有限公司全资成立专门的养老公司，依托区级居家智慧养老服务平台，积极承接各镇街居家养老服务设施、长者饭堂运营，大力开展居家养老上门服务、家庭养老床位建设、适老化改造服务项目，实现居家社区养老规模化、连锁化、品牌化运营。截至 2024 年底，已累计服务超 269 万人次。

作为区级养老机构，"和园·颐养"也交由正方集团投资建设，由正方·建艺康养产业有限公司运营管理，不仅提供高品质养老服务，同时也发挥机构养老的平台载体作用，拓展居家社区养老服务，成为集嵌入式、综合性、多功能、普惠性于一体的综合养老服务平台，为周边社区老人提供全面的养老服务。

创新服务，推动银发经济发展

2020 年以来，香洲区持续投入约 1800 万元，搭建居家智慧养老服务平台，线上线下一体化为老年人提供包括应急救援、上门助浴、上门助餐、陪同就诊、康复理疗、居家适老化改造、适老化辅助器具租售等在内的 10 大类、85 小类服务。截至目前，该平台已累计服务超 283 万人次，积累了庞大的各类数据资源，相关数据产品已上架广州数据交易所，成为全国首个基于居家智慧养老的数据产品。

2020 年开始，香洲区率先在全市建立特殊老人定期探视探访制度，依托社区工作人员、"双百"社工、志愿者等力量，采取上门探访、电话、视频等多种方式，定期开展孤寡、独居、空巢、失能、重度残疾、计划生育特殊家庭等特殊困难老年人探访关爱服务。截至 2024 年底已累计探访 5.4 万人次、月探访率达 100%。

此外，香洲区还于 2022 年 7 月率先对全区失能老人发放 100 元 / 月的居家养老上门服务包，截至 2024 年底共接受申请 2262 人、累计服务超 2 万人次；2023 年，香洲区率先在全市开展家庭养老床位试点建设工作，通过适老化与智能化家居改造，将养老服务机构专业养老照护延伸至老年人床边。截至 2024 年底已完成 100 张床位建设任务，服务 1281 人次，总服务时长 2602 小时。

老人们住在香洲区区级养老机构“和园·颐养”里，享受幸福晚年。图／赵梓

高质量养老服务辐射港澳

随着国家“港车北上”“澳车北上”政策的实施，港澳长者就近到珠海养老逐渐成为趋势，为作为港珠澳大桥“桥头堡”的香洲区带来新的银发经济高质量发展命题。

为此，香洲区积极创新港澳跨境养老合作方式，香洲区区级养老机构（和园·颐养）分别与香港安老咨询委员会、澳门街坊总会签订跨境养老合作协议，通过创设“医疗储备金”制度，为跨境养老医疗保障提供过渡性解决方案，积极服务港澳老人入住和园·颐养。截至 2024 年 10 月，在香洲区登记管理的养老机构床位共 1662 张，入住老人共 1099 名，其中，港澳老人共 130 名、占总入住人数的 11.83%。

未来，香洲区还将进一步加强与港澳养老服务机构、养老服务组织交流学习，引入港澳养老服务标准体系，提高该区养老服务整体运营水平和服务质量，推动银发经济高质量发展，让更多老年人共享发展成果、安享幸福晚年。

（郑振华对本文亦有贡献）

佛山市三水区：
加强农房风貌管控，推动乡村环境增颜提质

一年来，广东吹响破解城乡区域发展不平衡问题的“冲锋号”，推进“百县千镇万村高质量发展工程”（以下简称“百千万工程”）走深走实。佛山市三水区积极响应省市部署，以实际行动交出实施“百千万工程”的优秀答卷。

2023 年三水区地区生产总值增长 5.6%，突破 1500 亿元；深化农村集体“三资”管理服务改革经验获全国推广；佛山“西甲”获评全国首批群众“三大球”精品赛事；“西江十里画廊”获评省十大乡村振兴示范带；全区城乡居民收入比缩小至 1.32……

高质量发展的路上，三水区一手抓经济发展，一手抓乡村建设。三水将农房风貌管控提升工作作为推进“百千万工程”的重要一环，围绕农房风貌管控提升的工作要求，通过创新举措，积极凝聚社会各界力量和资源，采取分批分步、因地制宜的方式，扎实有序推进农房风貌改造试点，强化农房建设管控，全面推动乡村环境增颜提质。

高位推动，构建高效行动组织架构

“百千万工程”说到底是为老百姓谋幸福的工程，如何布好高质量发展这盘棋，关键在全局上谋划、在关键处落子。

为确保工作高效推进，三水区坚持“一把手”亲自抓，主要领导提前部署、提前谋划。

三水区通过创新举措，采取分批分步、因地制宜的方式，扎实有序推进农房风貌改造试点，全面推动乡村环境增颜提质。图为三水区云东海大道片区岗北村农房改造后

结合实际，三水区先行开展三大片区（江根片区、云东海大道片区、北江沿线片区）示范试点农房风貌改造提升。同时，迅速组建城镇建设专班（区住建水务局牵头）、信息化建设专班（区政务和数据局牵头）等专责队伍，制定详细的工作方案，明确分工，压实责任。

其中，三水区信息化建设专班以优化审批服务，提升审批效能为着力点，上线农房风貌提升审批支撑系统、农房设计方案图集在线预选专题等专项支撑系统，逐步构建完善“百千万工程”数字化支撑体系；三水区城镇建设专班下设存量农房风貌提升专班，强化统筹协调、密切协作配合，有力调动社会力量参与农房风貌管控提升工作。

“一把手”工程如何将高质量发展“规划图”变为“实景图”，还需有详细的攻坚作战图。为此，三水区出台了一系列行动方案，如《三水区实施“百县千镇万村高质量发展工程”建设高品质县镇村实施方案》《三水区农房质量安全风貌提升行动方案》等，构建了以高品质存量农房风貌提升为核心的 1+3 方案体系，为各项工作的开展提供了系统指引。

因地制宜，稳步推进存量农房改造

随着一系列工作方案出台，三水区“百千万工程”工作体系更加明晰。综合三水区人文地理、农房分布和发展定位等因素，采取分批分步、因地制宜的方式，确定首批存量农房改造任务为三大片区内主要道路沿线可视范围。三大片区范围涵盖三江汇流处、新型产业聚集区、北江风光带，代表三水特色水文化，展现蓬勃发展新活力。

在改造过程中，三水区坚持规划先行、尊重历史、突出特色，不搞大拆大建、不搞大包大揽、不搞千村一面。根据农房设计中的实际情况，如屋顶类型、建筑层数等，选取一些较有代表性的结构类型制作参考图集，并结合各镇街、各片区发展定位和风貌管控要求，编制了 10 个类型，每个类型 2 ～ 3 个不同风格的改造对比图。

此外，三水区先后出动 100 余人次完成三大片区内可视范围农房的现场照片采集和房屋尺寸测量，明确了各镇街的农房改造的标准和要求，完成了整体改造效果图和农房风貌提升改造“一户一策”的编制工作，对三大片区所涉及的待改造农房制定改造方案，基本落实“三统一”（即：统一规划设计、统一外观风格、统一外墙色彩）要求，为镇街开展改造工作提供有力依据。打造具有岭南特色风貌的民居建筑，努力实现从穿“新衣”到提品质。

三水区云东海街道洞溪村的村民们深刻感受到农房风貌改造的红利。洞溪村村民程先生坦言，农房改造申报审批由行政服务中心提供一站式服务，农房改造后，村子的规划更加整齐有序，乡村风貌持续优化提升，村民有了满满的幸福感。

“工期短，施工快。”“用料好，价格还实惠。”“看起来确实漂亮多了。”改

改造后的三水区云东海大道片区岗北村农房

造后村民点赞频频。这得益于农房风貌提升专班牵头加强技术指引，确定“一户一策”改造方案后，深入各镇街调研改造情况和需求，到改造一线施工的现场，解决农房改造存在的问题，提出针对性的改造建议和措施，提高农房改造的质量和效率。

要改变，强大的资金支撑是关键。三水区政府投入一点、企业赞助一点、村民负担一点，形成工作合力。通过广泛宣传发动，撬动社会资金技术力量，发动广大村民群众共同参与农房风貌提升改造工作，2023 年至 2024 年底，分别聚焦打造“一镇一示范”、“三大片区”农房风貌提升、“四沿”区域农房风貌提升、典型村房屋外立面提升攻坚行动，对 1170 栋农房完成外立面提升改造，累计筹集资金支持近 2000 万（社会帮扶 + 政府投入），累计超过 30 家企业参与帮扶，以直接帮扶、投工投劳、以工代赈等多种形式投入农房外立面改造工作。

加强信息化支撑，提升农房风貌审批效能

为确保农房风貌提升工作的质量和效率，三水区全面梳理整合了全区农房管控各相关单位管理职能，形成了新建农房管控“1+N”制度文件体系。其中，“1”为《佛山市三水区农村宅基地建房全流程审批管理办法（试行）》，统筹各项配套性文件和保障措施；“N”为各职能部门根据自身职责出台的管理细则。这一体系的建立，不仅明确了职责分工，还聚焦简化了群众办理程序、降低了建房基础性资金支出。

在信息化支撑方面，三水区依托政府办公OA管理平台，定制了农房风貌提升审批支撑系统，并梳理优化了业务流程。这一系统全过程贯穿了农房报建、在线审批、工单流转、验收等关键管理过程，为全区镇街、村居开通了审批权限，支撑了跨部门协调联动和材料高效共享。

此外，三水区还依托“三水通”微信小程序平台，开发了农房设计方案图集在线预选模块。这一模块结合岭南特色和村居实际，上线了27份农房风貌改造设计方案。村民可以通过在线预览、在线勾选的方式选择设计方案，不仅减少了工程设计成本和报建时长，还提高了农房建设的效率和质量。

广泛动员各方力量，共同建设和美乡村

在农房管控风貌提升工作中，三水区不仅注重政府的主导作用，还广泛动员了社会各界力量共同参与。通过凝聚青年人才、发挥基层党组织战斗堡垒作用和党员先锋模范作用、利用新增债券项目、全域土地整治等方式，推动了连片示范农房建设。

同时，三水区还上线了社会力量参与公益项目库，开设了成果展示、社会需求、志愿力量栏目。这一平台汇聚发布了各类项目资源，有效吸引了资本、技术、人才等要素有针对性地向需求流动。通过这一平台，三水区成功募集了项目资金超1863万元，为社会力量对接融入全区“百千万工程”搭建起高速通道，构建起正向反馈闭环。

在多方力量的共同努力下，三水区的农房管控风貌提升工作取得了显著成效。不

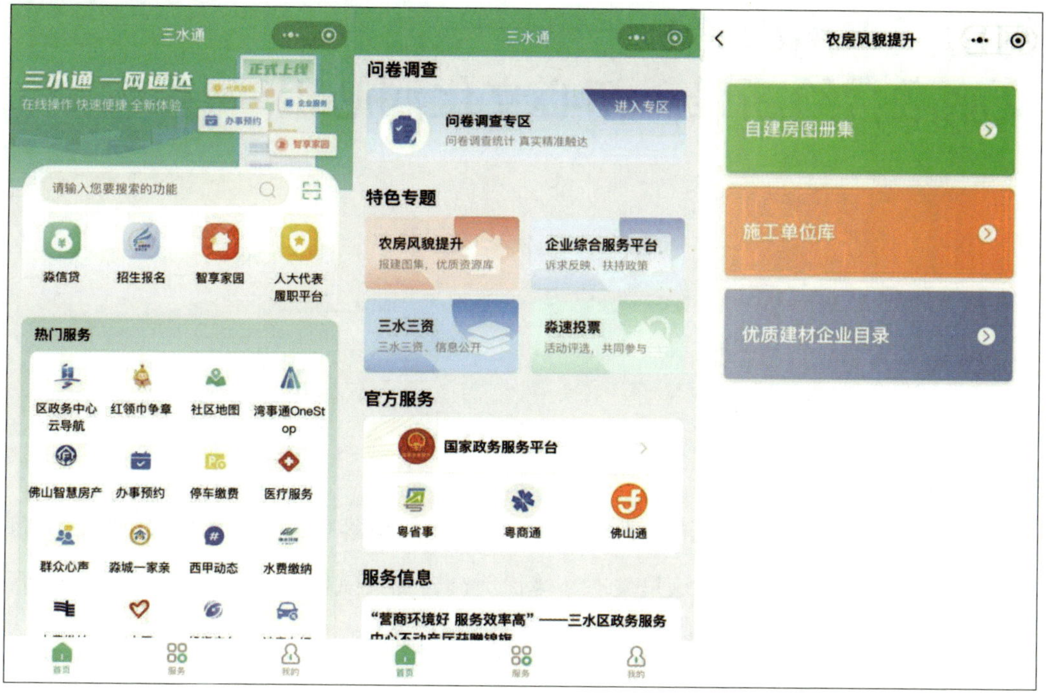

依托“三水通”平台，开发农房设计方案图集在线预选模块，打造具有岭南特色风貌的民居建筑，努力实现从穿“新衣”到提品质。

仅提升了乡村整体风貌，还改善了村民的居住环境和生活质量。未来，三水区将继续深化这一工作，推动乡村环境持续增颜提质，为打造高水平城乡区域协调发展示范区贡献力量。

佛山三水南山镇：文旅融合绘新景，初心文化润心田

沃野千里，荷塘飘香，群山草木丰茂，山下村居错落有致，这正是佛山唯一的特色镇——山水风光特色镇。这里生态环境优美，自然禀赋优越，"初心文化""知青文化"等丰富的特色红色文化在这里萌芽，浸润群众心田。

近年来，南山镇抢抓乡村振兴，百县千镇万村高质量发展工程（以下简称"百千万工程"）的发展机遇，锚定"百千万工程"典型镇目标，出台《佛山市三水区南山镇建设规划（2024-2026）》，以三产协调、绿色发展为主线，聚焦大健康产业、现代都市农业、生态文旅业，促进"三产"融合提质，加快把南山打造成发展与生态共融的"湾区香格里拉"。

传承红色基因，初心文化润泽心田

在三水南山，一座名为九龙山的小山岗上，矗立着一座庄严肃穆的纪念碑，它纪念的是一位卓越的血吸虫病防治专家——陈心陶教授。

走进初心学堂，仿佛穿越时空，回到了那段陈心陶教授与血吸虫病斗争的峥嵘岁月。这里的每一幅画面、每一件展品，都在诉说着那段可歌可泣的故事，让人心潮澎湃。煤油灯下，陈心陶教授伏案研究，与三水群众同吃同住同战疫，艰苦条件下，始终践

为了纪念陈心陶指导南山人民战胜血吸虫的历史，南山镇将陈心陶当年办公实验旧址改造建设成初心学堂，弘扬的红色基因和初心文化。

行为人民服务的初心，“初心文化”在南山生根发芽，如涓涓细流浸润南山儿女心田。

陈心陶是我国近代寄生虫学的奠基人之一。早在 20 世纪 50 年代，面对肆虐的血吸虫病疫情，陈心陶教授毅然决然地投入这场“围歼”血吸虫病的战役中。他深入广东三水、四会等血吸虫病疫区，创造性地提出了“结合农田基本建设消灭血吸虫中间宿主钉螺”的防治对策，这一方法不仅有效遏制了血吸虫病的蔓延，更为后续的血防工作提供了宝贵的经验。

陈心陶教授亲自指导群众进行垦荒、改造，南山镇的人民群众团结一心，积极投身血防工作中。他们垦荒造田，兴修水利，不仅改善了生产条件，还彻底改变了钉螺的滋生环境。经过多年的努力，南山镇终于迎来了血吸虫病被全面消灭的喜讯。1985

年 12 月 9 日，广东省人民政府正式宣布在广东全省范围内消灭了血吸虫病，这一历史性胜利的背后，凝聚着陈心陶教授和无数血防工作者的心血与汗水。

为了铭记这段历史，传承红色基因，南山镇联合中山医学院深挖陈心陶的生平事迹和三水血防历史，把陈心陶当年办公实验旧址改造建设成初心学堂，纪念陈心陶指导南山人民战胜血吸虫的历史，让红色文化真正活起来。

“初心学堂”的建立，不仅是对陈心陶教授一生贡献的缅怀，更是对新时代党员干部和广大人民群众的一次深刻教育。在这里，人们可以近距离感受到陈心陶教授心系群众健康、不惧艰险、勇于担当的精神风貌。这种精神风貌，正是新时代大力弘扬的红色基因和初心文化。

站在新的历史起点上，南山镇将继续发扬陈心陶教授的优良传统和作风，不断深化陈心陶文化 IP，把红色基因传承好、发扬好。当前，即将建设的南山新医院也将命名为“陈心陶纪念医院”。同时，南山将进一步加大红色资源的活化利用力度，打造更多具有地方特色的红色教育精品研学路线，让红色文化成为推动经济社会发展的重要力量。

筑牢红色根基，构建联城带村强磁场

党的十八大以来，习近平总书记多次强调要把红色资源利用好、把红色传统发扬好、把红色基因传承好。这一理论在南山得到深刻实践。

南山镇党委书记朱伟伟介绍：“近年来，南山镇立足红色资源禀赋，做活红色文章，围绕“陈心陶”IP，打造了佛山市唯一一个国家级科学家精神教育基地，并以此为依托，对外拓展省内外高校、医院等资源，对内整合文旅、企业、村居等现有资源，以党建为引领，构建联城带村强磁场，建设宜居宜业和美乡村。”

人才是推动城市发展的重要力量，同时也是深入推动“百千万工程”实施的重要保障。

煤油灯下，陈心陶教授伏案研究，与三水群众同吃同住同战疫，艰苦条件下，始终践行为人民服务的初心。
图／王际娣

南山镇借助“陈心陶”IP，深化政校结对共建，先后分别与中山大学中山医学院、广财大国际商学院、佛山职业技术学院等国内6所高校、24家企业（单位）开展党建共建，以红色研学、思政课程、干部培训等多种形式展开深度合作，畅通与高校人才、技术资源等的对接渠道。

“我们一直以来就与中山大学有很深的渊源，随着初心学堂的建立，南山与中山大学的合作也从学院上升到学校层面。”南山镇委党校专职副校长文平坦言，2024年7月18日，中山大学师生实践基地挂牌仪式暨“百千万工程突击队”（中山医学院第十六届粤港澳医学生夏令营）出征仪式便是在初心学堂举行的。

仪式上，中山大学党委副书记张琪教授表示，此次校级实践基地在南山镇的落户，对于中山大学与佛山三水的校地合作具有里程碑意义，既传承了陈心陶教授“战天斗地送瘟神”的精神气概，又能推动师生深入基层，在服务国家“乡村振兴”战略和广东“百千万工程”中实现双向奔赴、双向赋能。

不仅如此，近年来，随着初心文化、归侨文化等特色文化的挖掘，南山镇成功构建起以初心学堂为主阵地、村（社区）党群服务中心为分教点，陈心陶纪念地、知青会馆、归侨文化馆、万亩智慧园等红色地标为现场教学点的“1+X+N”特色立体教学阵地，绘制出南山镇红色教育学径地图。

如今，南山镇借着红色文化和归侨文化的东风，大力发展研学旅游和乡村旅游。近年来，慕名而来的游客络绎不绝，初心学堂开馆至今接待现场教学点参观团队876个，接待人数超6.52万人次。附近村民也直接享受到红色旅游发展带来的红利。

春树园农庄的负责人刘少金是土生土长的南山人，在当地经营农庄已有十余年，她坦言，从2023年开始客流量明显增多，整体收入也增加了不少。最多的一次一个上午接待了四百余人。看着家乡旅游产业发展越来越好，刘少金对未来发展充满信心。

据统计，两年来，红色文旅、生态游带动辖区内酒店、民宿等数量成倍增长，“红色流量”为南山文旅发展添加新活力。

发展绿色经济，打造“湾区香格里拉”

一直以来，南山镇都以其得天独厚的生态优势屹立在三水最北端，生态旅游与大健康产业交相辉映，南山依托南丹山、九道谷等风景区，大力发展现代都市农业、大健康产业、生态文旅业三方面，大力提升镇域经济活力，打造发展与生态共融的“湾区香格里拉”。

南山紧抓“绿色高质量发展”这一核心，致力南山品牌建设，成功举办首届万亩稻田农耕文化节，推出森林欢乐节、萤火虫旅游节、客家美食文化节等文化旅游品牌，并推广飞行观光、农趣体验、登山健身等休闲活动。如今，南山已形成春赏花、夏观萤、

南山紧抓“绿色高质量发展”这一核心，致力南山品牌建设。图为万亩智慧农业园

秋收悦、冬望星四季皆宜的南山文化旅游主题，让生态旅游成为推动镇域经济发展的重要引擎。

走进南山镇，你会发现这里不仅风景如画，更是一片充满生机与活力的热土。镇内各大产业园区内，企业如雨后春笋般涌现。

南山镇将大健康产业作为主攻方向，积极引进和培育相关项目，努力打造以大健康产业为主导的“南山号”产业舰队。其中，佛山水都食品饮料产业园（北园）获评“三水南山·中国现代生态食品产业园”；南山镇引进“箭叶淫羊藿”林下经济种植项目，探索林药经济发展新模式，推动全域土地综合整治；2024年8月，南山镇大健康产业再添“新军”，南山镇与红杉控股（深圳）有限公司举行灵芝种植及孢子粉深加工投资合作协议签署仪式，签约项目总投资达3亿元。

朱伟伟表示，以产业振兴为抓手是推动区域协调发展的重要一环。今后将借力红杉控股在中医药产业链整合、人才培养、品牌建设等方面的实力，进一步优化南山镇大健康产业链条，引进相关专业人才，推动南山镇在大健康产业的道路上越走越宽广。

南山镇将大健康产业作为主攻方向，积极引进和培育相关项目，努力打造以大健康产业为主导的“南山号”产业舰队。图为箭牌家居集团股份有限公司山三水南山生产基地

整治人居环境，建设宜居宜业和美乡村

随着社会的进步和经济的发展，人们对于生活品质的要求日益提高，而一个优美、宜居、和谐的生活环境，则是衡量生活质量的重要标尺。

在南山镇，这一理念得到了生动诠释。近年来，南山镇按照“点上精致、线上出彩、面上美丽”的思路，坚持规划先行，集中资源要素，动员各方力量，全力抓好典型村示范建设。

为此，南山镇制定出台了《六和村创建广东省“百千万工程”典型村行动方案》，铺排六和中心城区改造提升、初心学堂周边环境提升改造、教育路改造提升、康养中心建设等21个典型村重点建设项目并有序推进，累计铺排资金超亿元。

昔日杂乱无章的农舍，如今已换上了统一的“新装”。南山镇坚持规划先行，注重保留乡村特色与风貌，通过精心设计与施工，将农房改造成既美观又实用的居住空间。同时，南山镇还积极引导村民参与改造，动员社会力量参与，推动共建共治共享纵深推进。

此外，南山镇还大力推进城市更新行动，建设漫星城东南亚风情街、漫水河西河蓄水坝等一批基础设施和功能项目，提升城市精细化管理水平和公共服务供给水平。同时，南山积极开展农村人居环境整治，建设美丽庭院，打造生态宜居的乡村环境。谋划推动新南山医院、迳口中心小学扩建、康养中心等项目建设，提升医疗服务水平，满足群众健康需求。积极推进教育改革，开展学校奖教奖学、名优教师引进等工作，提升教育教学质量。2023年，南山镇的民生支出达1.7亿元，民生保障不断加强，群众的获得感、幸福感、安全感持续提升。

南山镇，这片充满希望和活力的土地，正以它独有的方式，讲述着属于自己的故事，吸引着越来越多的目光。在这里，红色与绿色交织，历史与现代碰撞，共同绘制出一幅乡村振兴的壮丽画卷。

怀集：
抓紧抓实紧密型县域医共体建设

2024年10月22日，广东发布首批10个"百千万工程"民生领域改革主题典型案例。其中，怀集县抓紧抓实紧密型县域医共体建设案例成功入选。

近年来，怀集县积极探索推进紧密型县域医共体建设，持续深化医药卫生体制改革，着力打造广东省紧密型县域医共体建设高质量发展综合试验区的"怀集样板"，取得了显著成效，得到省、肇庆市充分肯定，2次在省级组织的高规格会议或论坛作医共体建设经验分享；2021年和2022年，受到省卫健委等6个部门联合通报表扬；2022年，怀集县成为全省第一批医共体建设高质量发展综合试验区；2024年4月，《让数据多跑路 百姓少跑腿 肇庆怀集医共体积极构建数字健康发展新格局》入选全国县域医共体建设优秀案例。

深化紧密型县域医共体建设，进一步规范双向转诊就医管理机制

怀集是人口大县，卫生健康事业是民生实事、民生好事、民生大事。县委、县政府高度重视，高位推动改革，成立了以县委书记为组长的深化医药卫生体制改革工作领导小组和以县长为主任的县域医共体管理委员会，设立医管委办公室和医管中心，负责统筹协调，确保紧密型县域医共体建设有力有序推进。

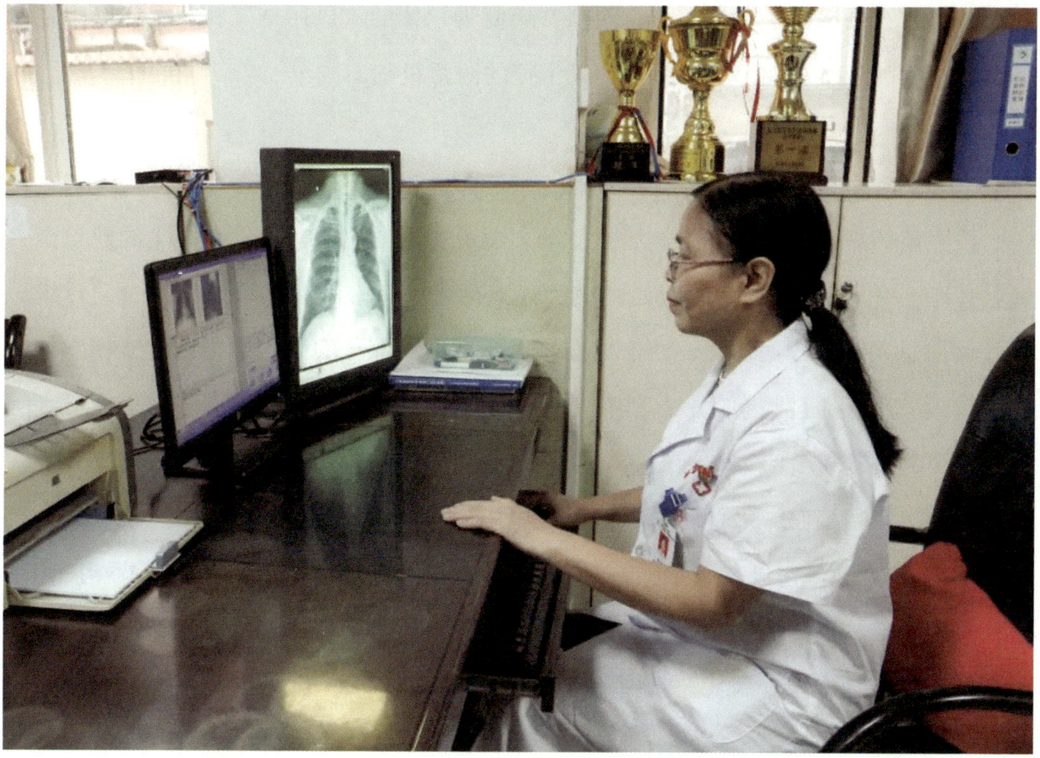

医共体信息化平台的建设，进一步推动医共体改革惠及群众。

围绕“一年打基础、两年见成效、三年大发展”目标，建设和发展具有本地特色的“1+19+N”县域医共体，怀集制定了县人民医院医共体权责清单，逐步建立完善县域医疗卫生社会治理机制。

积极推动医共体各分院差异化错位发展模式。以县人民医院医共体总医院为龙头，着力将县第二人民医院打造成县域医疗卫生副中心，按二级医院标准重点打造冷坑、梁村、大岗、桥头、诗洞、凤岗、中洲、怀城 8 间分院，全面构建县域医共体“总院 + 分院”“专科 + 全科”“全县域运作、上下贯通”一体化服务模式。

落实推进“市癌症医学中心 + 县域医共体肿瘤综合防治中心”模式。依托县人民医院医共体在县域内建立集预防、治疗、康复为一体的“1+19+N”肿瘤疾病健康管理体系，落实肿瘤早发现、早诊断、就近治疗的防治机制。

搭建医共体信息化平台，进一步推动医共体改革惠及群众

按照整体规划、统筹集约、场景驱动、服务优质的思路，怀集统筹集约建设全县医共体信息化，投入近2000万元建设“怀集县人民医院医共体信息化平台”，统一医共体信息系统的数据标准、通信标准和服务标准，深化病人生命周期健康档案的建立和有效应用，通过数字化、智能化等手段对健康档案信息资源、电子病历资源、综合监管资源进行统一治理和管理。

加强“影像中心”“检验中心”“心电中心”“远程会诊中心”“慢病管理数据中心”5个共享平台建设，实现县镇信息化互联互通，检查检验结果互认共享，构建“下级检查、上级诊断”的分级诊疗模式，让患者享受镇级收费标准、县级诊疗服务，首诊在基层，减轻患者看病就医负担。

推动中医药传承与创新发展，进一步提升中医药服务能力水平

怀集大力推进全国基层中医药工作示范县建设，统筹整合全县中医医疗卫生机构资源，组建以怀集县中医院为主体，凤岗、中洲、甘洒、连麦、洽水、汶朗、下帅7个乡镇卫生院为成员单位的“怀集县中医医疗联合体”，促进中医药优质资源下沉基层。

积极实施基层医疗卫生机构中医药服务能力再提升工程，推进基层中医馆服务内涵提升、村卫生站“中医阁”建设。全县所有乡镇卫生院能够提供中医药服务，97.61%的村卫生站能够提供中医药服务。

加强基层中医药人才培养。开展知名中医师带徒工作，由县级临床经验丰富的中医专家承师带教培养。利用县中医药适宜技术推广基地和视频网络平台，大力开展基层中医药适宜技术培训和推广应用，进一步提升基层中医药服务能力和水平。

怀集县人民医院外景

完善人才入县下乡机制，进一步提升基层医疗卫生服务能力。怀集深入实施“县管镇聘村用”改革，优化完善“县招县管县镇共用”政策，实行新招聘人才经培训后安排到基层医疗卫生机构工作，推动人才双向交流，提升县镇村三级医疗卫生人才队伍业务水平。

深入实施“万名医师下乡工程”。制定《怀集县执业医师服务基层实施方案》，开展组团式帮扶、接力式支医服务，推动全县医疗卫生优质资源均衡发展。

持续开展“优质服务基层行”创建活动，进一步提升基层医疗卫生服务能力。为进一步满足人民群众对高水平医疗服务的迫切需求，怀集县积极布新局、谋良策、出实招，加快医共体建设步伐，推动优质医疗资源下沉，切实提升基层医疗卫生服务水平，让老百姓看病就医更加方便快捷。

目前，怀集县19家基层医疗卫生机构有2家达到“优质服务基层行”国家推荐标准，17家达到国家基本标准，2024年新增怀城、中洲、诗洞、蓝钟、桥头、梁村

6家基层医疗卫生机构申报"优质服务基层行"国家推荐标准创建评审活动，分别于2024年1月、7月和8月，邀请省专家到怀集县开展"优质服务基层行"现场调研指导及业务培训，力争2024年新增6家基层医疗机构达到国家推荐标准。

策马扬鞭奋蹄疾，乘势而上正当时。怀集县人民医院医共体负责人表示，将继续深化紧密型县域医共体建设，以总院为龙头，带动分院差异化错位发展，进一步整合医疗资源，提升服务能力，持续在慢病管理、医共体肿瘤综合防治中心建设、中医药传承与创新发展、医共体"联合门诊"和"联合病房"等方面深度发力，进一步完善"总院+分院""全科+专科"协同管理模式，不断推动优质医疗资源向基层下沉，切实增强群众获得感、幸福感、安全感。

“新韶九章”蜂蜜水产品：创新镇域经济的甜蜜篇章

“强镇富村公司”是韶关市实施“百千万工程”，推动农村集体经济发展的创新举措。新韶九章公司作为浈江区新韶镇强镇富村公司的典范，创立“新韶九章”品牌，填补了韶关市区域公共文创伴手礼品牌领域的空白。2024 年，新韶九章公司完成股权变更，成为浈江区鸿通投资有限公司（浈江区区属国有企业）全资子公司，在助力构建韶关市“区域公共品牌 + 产品品牌 + 企业品牌”矩阵的同时，也在探索“区属国企 + 镇属企业 + 社会资本”的新发展模式。

“区属国企 + 镇属企业 + 社会资本”创新合作模式

在甄别合作伙伴的过程中，新韶九章公司发现了一家本土的蜂蜜水生产企业。彼时该企业的负责人杨女士正筹划拓展企业规模，寻找合作契机，双方一经接触，便达成共识，开启“区属国企 + 镇属企业 + 社会资本”创新合作模式的探索之路。

为进一步巩固合作基础，三方共同擘画了详尽的发展战略和市场规划。在保留蜂蜜水产品独特传统风味的同时，引入现代化生产设备和质量控制体系，以提升产品竞争力和附加值。同时，借助新韶九章公司的市场渠道和品牌效应，将产品推向更广阔市场，实现销售的迅猛增长。

“新韶九章”蜂蜜水产品

“新韶九章”蜂蜜水产品项目创新“区属国企 + 镇属企业 + 社会资本”合作模式，形成资源互补、优势互通的良好局面。政府投入作为杠杆，有效吸引社会资本，高效整合了资金、技术和市场资源。广东东方蜜饮生物科技有限公司利用韶关的自然资源，通过现代生物科技深加工蜂蜜，开发出多种高品质蜂蜜水饮品，如柠檬和百香果口味，极大地拓宽了蜂蜜的应用领域和消费市场。

“新韶九章”蜂蜜水产品项目，也是创新镇域经济发展模式的一次成功实践，整合了区属国企、镇属企业与社会资本三方合作力量，同时还进一步提升了新韶九章公司的竞争力，公司稳扎稳打，为乡村振兴战略的实施提供了宝贵经验。

创新镇域经济的甜蜜新篇章

随着项目深入推进，新韶镇将以更加甜蜜的姿态，迎接每一个黎明，成为镇域经济发展新模式的璀璨明珠。“新韶九章”正以实际行动诠释着：创新，是乡村振兴最动人的旋律；合作，是共同富裕最坚实的桥梁。通过不断探索和实践，“新韶九章”蜂蜜水产品项目，将继续书写乡村振兴的甜蜜新篇章。

红海湾经济开发区：凝心聚力打造“美丽经济”

公共空间提档升级、基础建设日益完善、乡村建设翻天覆地、城乡进一步融合……如今，广东各地交出了乡村振兴以及城市治理的时代答卷，不仅助推了美丽环境向美丽经济转化，也彰显出广东实施“百千万工程”的底气。

近年来，汕尾市红海湾经济开发区坚持山水林田湖草沙一体治理，持续提升海洋环境质量、生态系统功能，依托美丽的环境，在“美丽资源”转化为“美丽经济”过程中，逐步找到一条红海湾版的“绿水青山就是金山银山”的“两山”转化之路，全力打造“美丽海湾”。目前，已实现“美丽海湾六个百分百”，即海域水质一类保持100%、入海河道整治率实现100%、水产尾水治理做到100%、污水收集达到100%、禁养区清退落实100%、垃圾无害处置100%。

打造“美丽经济”亮点

近年来，红海湾经济开发区深入实施“百千万工程”，依托红海湾的资源禀赋和区位优势，做到“打造一个点，引进一批人，带动一条街，兴旺一个镇”。

针对遮浪海边街废弃养殖场和近100间特色民居长期闲置的问题，以全域土地综合整治为抓手，以村集体为单位，推动闲置民居集中收储，并通过“拆”“改”“提”“建”

四招，打造美丽空间。以中铁助力为契机，引进深圳大芬村画家团队，对海边街外立面进行整体彩绘，融合蓝鲸、帆船等海洋元素，打造浪漫海岸2.0版，盘活“美丽资源”，激活“美丽经济”。同时在打造美丽环境的基础上，谋划实施红海湾“浮日”扬帆计划，引回有想法、有情怀的在外青年，聘为乡村CEO，培育了浮日营地、古堡咖啡等“网红打卡点”，带动了一批青年回家乡创业，打造了青年创意产业园，形成了“咖啡＋文旅＋百千万”的业态效应、特色品牌。

据了解，2023年全区接待游客超400万人次，2024年1—5月，全区共接待游客120万人次，特别是“咖啡一条街”，2024年来新增市场主体19家，1—5月营业额达800万元，新增就业岗位100多个，带动附近红坎、水龟寮等4个村集体收入增长30%。

加强海洋生态保护开发

海洋生态保护开发，事关滨海城市发展全局。

红海湾经济开发区坚持陆海统筹，夯实“水清滩净”基础。首先，通过采取清淤、垃圾处理、原位修复等手段，推动主要入海河流入海排口水质达标排放率100%。建成了日处理能力10万吨的东部水质净化厂，并以国家3A级旅游景区标准打造地上开放式园林公园，全区建成污水收集管道总长105公里，基本实现城镇、农村生活污水处理全覆盖，完成禁养区高位养殖场100%清退，并定期开展岸滩和海域垃圾清漂专项行动，实现全区垃圾100%无害化处理。

其次，突出生态修复，打造“鱼鸥翔集”景色。对海洋生态空间实行分类保护，将全区80%自然岸线划定为生态保护红线；开展鱼类增殖放流活动，累计放流金鲳鱼、乌头鱼、南美白虾等各类鱼、虾苗2800多万尾；积极推进汕尾遮浪角西海域国家级海洋牧场示范区前期工作。在此基础上，依托海洋资源禀赋，谋划“五区一园一基地”产业格局，全力推进红海湾场址200万千瓦海上风电、汕尾新港区白沙湖作业区公用

美丽海湾，景色宜人。

码头、综合保税区等落地建设，大力发展现代海洋渔业、滨海旅游业等海洋产业，推动游客量大幅度增长，切实将碧海蓝湾转化为金山银山，实现“生态富民”。

建立长效机制，推动“持续发展”模式。通过制定出台一系列涉海生态保护的文件，特别是实施湾长制、港长制、岙长制、船长制等综合治理工作机制，搭建生态环境治理监管监控系统，建立形成“海上巡、岸上清、陆上治”海域垃圾管控格局。

全力推进绿美红海湾建设

除了做好海洋这篇蓝色的文章外，该区还聚焦绿美红海湾生态建设，推动绿美+“八大工程”焕新颜、提品质。依托6条示范带建设，聚焦石鼓山—大德岭“一园一带一堤一区”示范点，以点带面、连线扩面，串联沿线蓝色海洋、绿色生态、红色人文、自然景观、善美文化等优质资源，构建“通山达海，贯城串趣”的全域美丽大花园。深入开展林分优化、林相改善、森林抚育等工作，实施区域综合治理，推动森林增量、生态增效、景观增色。目前，已完成5060亩林分优化，400亩森林抚育任务。围绕“三圈四中心”，在“增绿扩量”上下功夫，完成县镇村绿化植树11.42万株。

同时，通过“规划布绿、空地转绿、腾退增绿、见缝插绿”推动城市有机更新，点缀美丽圩镇。现已完成2条干道扩绿11.1公里，碧道增绿11.4公里。编制完成全区三个自然保护地整合优化预案，完成大德岭森林公园勘界立标、总体规划编制。聚焦打造生态屏障，把防风、护堤、净水、固碳等功能相结合，以“红树林＋堤围”模式打造450亩红树林，筑就沿海“绿堤”。对全区48棵古树完成挂牌，并建立“智慧监管＋日常巡管＋责任包保”制度，实现古树名木管护规范化、精细化。拓宽“两山”转化路径，培育石新花生油、塔岭粉签、石古青枣等林下产业，拉动村级集体经济增收，2023年全区28个村（社区）集体经济全部突破15万元。坚持以小聚大，引导群众争当美丽庭院“示范户”，优化“五边四旁”绿化品质，以创促建，做实绿美乡村“大文章”。同时将植绿护绿、保护环境等内容纳入村规民约，实现“绿美”变“善美”。

上下齐心发动社会力量参与

实施“百千万工程”，社会各方力量必不可少。

红海湾经济开发区聚焦破解“干部在干、群众在看”问题，通过支部引领、党员带头、群众参与，开展打穴备耕、认捐认种、植树添绿等行动。2024年以来，实现认捐超3000万元。同时，全面做好建筑企业发动工作，落实明阳集团结对帮扶兴汕高速出口绿美新地标——白沙公园、三湖路及红海湾大道沿线及入村口绿美提升工程2个项目、总投资2700万元。

按照最优对接、最快速度、最佳合作关系和最好效果的要求，统筹乡村振兴、连带成片和典型镇、典型村的建设，强化整体规划、项目推动，谋划了“公益＋微利”

红海湾经济开发区创新“咖啡＋文旅”模式，打造多个知名“网红”咖啡店。图为红海湾网红打卡点——古堡咖啡，其前身是一座废弃的潮汐发电厂。

项目53个，目前已推动田墘街道文明路立面风貌提升、田墘街道康乐街立面风貌提升、红海湾大道两侧房屋微改造、四石柱片区环境整治和风貌提升等4个项目完工，带动街村品质升级，推动全域提升、全域出新；推动28个村（社区）全部成立绿美生态建设委员会，把植绿护绿写进“村规民约”，发挥“红黑榜”作用，引导群众自觉管养。同时，创新“村组＋理事会＋村民”管护机制，以微属地落实微管护。

接下来，红海湾经济开发区将坚持抓项目促发展，主动服务汕尾新港区白沙湖作业区公用码头、红海湾场址200万千瓦海上风电、综合保税区建设，发挥中储粮、天润、明阳等“龙头”带动作用，牵引冷链、物流、深加工、海上风电、海洋牧场、装备运维等上下游企业落地。实施“资源、政策、市场”三换策略，以遮浪渔港升级改造为契机，落地遮浪角西海洋牧场、挪威陆基三文鱼等项目，水上岸上同步发力，打造“远洋捕捞＋深海养殖＋精深加工＋冷链物流＋品牌销售”全产业链；并将继续推进绿美生态建设，因地制宜发展中药材、林下养殖、林下产品深加工、森林康养等“四类”林下经济，大力发展荔枝、青枣等红海湾特色林果产业，打造种植、精深加工和旅游相融合的林果产业发展基地，鼓励发展森林康养、林业碳汇等业态，有效提高林地综合效益，打通“两山”转化路径。同时，加快郑祖禧文化旅游景区、石鼓山的基础设施建设，主动服务欢乐海岸等项目尽快供地，并依托“山海叠翠 港产融合”示范片区、4 条乡村振兴示范带、青年创意产业园等，点缀文宿民宿、农村电商、特色餐饮等点状项目，串联田墘红楼、黄旭华旧居、东尾村等红色景点，打造红色文化、绿色康养、蓝色休闲 3 条精品旅游线路。在此基础上，主动对接港中旅、百草堂等重点企业，在旅游项目开发、旅游品牌打造、文旅康养、运营模式创新等方面深化合作，打造红海湾文旅新地标。

中山市港口镇：创设“妈妈岗”助力妇女就业

就业是最基本的民生。家庭主妇在家中“身兼数职”，要在“顾家”之余实现稳定就业，难度较大，“妈妈岗”的推出就是破解这一难题的一个创新举措。

近年来，中山市港口镇将目光聚焦到了应对生育抉择和母职实践挑战“妈妈”群体，探索创新“妈妈岗”就业新模式，帮助企业与新就业群体实现“双向奔赴”。结合“就业援助月”“南粤春暖”等品牌招聘活动，港口镇不断优化、加密线下、网络、直播等“三位一体”招聘服务，通过上线首个镇级“妈妈岗”女性灵活就业公益服务平台，提供免费培训、就业指导和岗位招聘，加大线下宣传推广岗位信息力度，鼓励工业制造、居民服务、文化旅游等用人单位开设更多岗位，不断擦亮“妈妈岗”招牌。

据了解，目前全镇“妈妈岗”备案企业共41家，备案岗位1565个，有效破解母职困境、生育抚育障碍、企业阶段性招工难等多个问题。

企业首创“妈妈岗”

位于港口镇的中山市悦辰电子实业有限公司是中山首设“妈妈岗”的企业，经过3年多的发展，目前已经有“妈妈岗”员工300多人，涵盖一线工人、管理人员以及研发人员。随着“妈妈岗”模式的不断探索和推进，社会的关注度也越来越高，为“妈妈岗”的员工提供各种福利、便利，已由企业个体责任逐渐升级为社会共同责任。

“公司把当了妈妈的女性员工集中在一个车间，专门生产公司的中高端产品，这也是‘妈妈岗’带给我们企业的惊喜和超预期的回报。”广东省中山市悦辰电子实业有限公司（以下简称“悦辰电子”）党支部书记、副董事长余清说，没有想到，有一天“妈妈岗”员工会成为公司缓解劳动力短缺问题的关键力量。

2024年2月20日，正月十一，悦辰电子的生产车间已经复工，车间内干净明亮，数条生产线满负荷运转，机器运转的声音此起彼伏，上百名“妈妈岗”员工安全有序作业，麻利地打孔、安装、检验等。“妈妈岗”是一种柔性管理、弹性工作的灵活用工模式。该模式被悦辰电子采用后，由中山市人社局推动，迅速在中山市全市推开。

“公司现有员工约1000人，‘妈妈岗’约占总人数的30%。我们将进一步丰富‘妈妈岗’内涵，岗位由原来一线工人为主，逐渐拓展到研发、文职、供应链等其他部门，使‘妈妈岗’在公司架构中更加广泛合理。”余清表示。

谈到“妈妈岗”最初的设置，余清介绍，2019年，工厂搬迁到群乐村附近。当地的许多老人恳求：“家里媳妇没有工作，看看企业能不能帮忙介绍。”这些争取工作机会的村民，大多是已育有一个或者两个孩子的中年女性，工作之余还要兼顾家庭，平时需要接送孩子和照顾老人。

“一开始，公司提出‘8小时工作制’，晚上不加班，请假方面给他们一些特殊待遇。”余清说，“后来，在逐步探索中才提出‘妈妈岗’的概念，并把它制度化。”对于有育儿需求的妇女，“妈妈岗”上班时间相对“弹性”，倘若孩子生病或学校、家里有事，写个请假条，马上可以离岗去处理。

“妈妈岗”破解“招工难”

家在广东罗定市的李红英是二孩妈妈，2022年，她成为悦辰电子“妈妈岗”的员工。她的女儿在读大学，儿子还在读小学，以前的工作很难兼顾家庭，因此都做得不长久。

中山市悦辰电子实业有限公司是中山首设“妈妈岗”的企业。2023年3月5日，“妈妈岗”巾帼志愿服务队成立。

现在，李红英一般早上6点20分起床、做好早餐，7点出门送孩子上学，8点到公司上班，下午5点30分下班接孩子。

“孩子有暑托班帮忙免费托管，我在工作中还能学习技能，自己还有五险一金保障。”李红英说，她目前还是公司巾帼志愿服务队成员，也是公司暑假托管班的助教老师。

“妈妈岗”的设立，吸引了港口镇乃至周边镇街的妇女，为企业源源不断地输入了劳动力，帮助企业大大缓解了用工压力。

同时，“妈妈岗”生产线上的女工通常都有着各不相同的实际情况，她们很珍惜这份可以兼顾家庭的工作机会，因此很多人对企业都抱有特殊的感情，对企业发展有着更高的认同，她们在有限的工作时间里将更饱满的热情投入工作，为企业发展贡献了巾帼力量。

2021年上半年，中山市人力资源和社会保障局留意到，不仅是悦辰电子，很多“妈妈岗”从企业的补充用工开始，意外为企业缓解阶段性“招工难”问题。

“人社部门在几个制造业比较发达的镇街调研，发现企业为了解决‘招工难’的问题都在想办法开发本地劳动力，主要就是针对周边的社区、村镇，‘妈妈岗’是其中的一种自发行为。”中山市人社局就业创业科负责人说，在了解这一情况后，中山市人社局和相关职能部门、镇街就联动起来，一方面协助企业将用工需求上传到当地就业服务平台，另一方面则深入社区发动、登记符合条件的劳动妇女。

让“妈妈岗”成为“妈妈港”

港口镇的这一创举，很快在中山市得到推广。

2022 年 7 月 4 日，中山市人民政府印发《关于大力推行“妈妈岗”就业新模式若干措施的通知》，提出对符合条件申报“妈妈岗”的用人单位，实行每月 300 元 / 人的社会保险补贴和 100 元 / 人的岗位补贴；对符合条件申报“妈妈岗”灵活就业人员，实行每月 300 元 / 人社会保险补贴。2022 年 7 月 18 日，余清从中山市人社局局长手中接过一张 30 万元的支票，这是中山市发放的首笔劳动合同用工“妈妈岗”补贴。

2023 年 11 月 2 日，中山市人社局继续升级“妈妈岗”政策，鼓励用人单位制定有利于职工平衡工作和家庭关系的措施，依法协商有利于照顾家庭的灵活休假和弹性工作方式。具体包括，重点引导鼓励工业制造、文化旅游、新业态平台等行业开发“妈妈岗”，适用群体从“对 12 周岁以下儿童负有抚养义务的妇女劳动者”拓展到更多劳动者等。

“‘妈妈岗’有很多亮点：她们很珍惜这份工作，流失率很低，基本稳定在 5% 以下；妈妈们心灵手巧，由于都是熟手，工作效率和产品合格率在同等条件下比普通员工更高。”余清说。

据了解，中山市同时完善就业服务机制，打造集岗位收集、人员对接、技能培训、上岗推介于一体的“妈妈岗”市场化服务模式，建立“妈妈岗”用人单位统一名录，

为进一步探索妇女灵活就业新模式，推动港口“妈妈岗”提质扩容，助力“百千万工程”落地见效，2024年1月11日，中山M+家居直播电商产业园揭牌仪式暨“M+家居生活妈妈岗”招募启动会在红星美凯龙港口商场举行。

各镇街配备就业服务专员，对纳入名录的用人单位主动提供招用工服务。

在“春风行动”实施的过程中，中山市人社局开发“妈妈岗”灵活就业公益服务小程序，结合“就业援助月”“南粤春暖”等品牌招聘活动。2022年至今已推出十余期“妈妈岗”专题招聘会，在线发布“妈妈岗”超6800个，覆盖企业近200家。

自“妈妈岗”政策出台后，中山市已经审批217家次“妈妈岗”用人单位社保补贴、岗位补贴1183万元，涉及吸纳4094人次需照顾12周岁以下儿童的妇女。

东莞凤岗：内外联动，共绘“百千万”新篇

东莞市凤岗镇在推动“百千万工程”的过程中，通过内部动员社会力量与外部对口帮扶相结合的方式，形成了独特的内生关系与发展模式。这种模式不仅促进了凤岗镇自身的高质量发展，也为武江区等被帮扶协作地区带来了实实在在的发展成果和民生改善。同时，这种区域协同与共赢发展的实践也为广东省乃至全国其他地区提供了可借鉴的经验和启示。

在具体帮扶措施上，凤岗镇充分发挥了其在资金、技术、人才等方面的优势，通过创新合作模式，引导社会资金精准投入武江区的经济社会发展。这种“输血”与“造血”相结合的帮扶方式，不仅有效缓解了武江区的资金压力，更激发了当地的内生发展动力，为武江区的长远发展奠定了坚实基础。

汇聚社会力量，共筑发展新希望

在凤岗镇深入实施“百千万工程”的过程中，社会力量成为推动城镇建设和乡村振兴不可或缺的重要力量。凤岗镇委、镇政府高度重视并积极引导建筑业企业、国企、民营企业及港澳台侨胞等社会各界力量，通过捐赠、合作等多种形式，积极参与凤岗镇的各项建设，为城镇发展注入了强劲动力。

凤岗镇在深入实施“百千万工程”的过程中，让社会力量成为推动城镇建设和乡村振兴不可或缺的重要力量。

凤岗镇积极开展建筑业企业结对帮扶工作，动员了一批实力雄厚、经验丰富的企业参与本地建设。这些项目聚焦“人居环境、基础设施、公共服务”等领域，如东深路到祥新东路绿化带和人行道建设、金鹏路人行道改造修复等，不仅提升了城市面貌，还优化了公共设施，有效促进了城镇基础设施的完善和居民生活质量的提升。

与此同时，凤岗镇以项目投资为突破，推动市属国企与镇村深度合作。2024 年，凤岗镇重点推进了与新疆创锦公司的活牛屠宰项目。特别是在对口帮扶韶关武江区方面，通过农村电商和常态化交流工作，有效促进了武江区农产品的销售和基层医疗、教育事业的发展。

另外，凤岗镇深入实施“千企帮千镇、万企兴万村”“百企百社助百村”等专项行动，广泛动员企业和社会组织参与结对帮扶。在引资兴业方面，成功推动多家台港澳企业完成增资扩产项目，总投资额达 29.3 亿元。同时，指导凤岗新阶联投资 2000 万元打造“T5 梦工厂直播培训基地”，为“百千万工程”赋能。在村企结对方面，已有11个村（社区）与12家企业建立了结对帮扶关系，涉及总投资金额136万元，共同推进美丽庭院改造、人居环境改善等项目。此外，还发动多家企业捐赠资金用于公共图书馆提档升级、教育公益活动等，展现了企业的社会责任感。

建设凤武大厦打造“反向飞地”，共绘发展蓝图

东莞市凤岗镇与韶关市武江区作为对口帮扶协作的伙伴，正以实际行动书写着合作共赢的新篇章。八年来，凤岗镇累计派出约100名帮扶干部人才，投入6.3亿多元帮扶资金，助推武江区高质量发展。

2023年6月，凤武两地开启新一轮对口帮扶协作，两地立足“百千万工程”，紧密围绕产业共建、招商引资、乡村振兴等核心任务，共同探索出一条共建共享共赢的发展道路。通过高频次的联席会议、实地考察与交流互访，为各项帮扶协作措施的顺利推进奠定了坚实基础。特别是凤武大厦项目和产业园区类“反向飞地”的启动与实施，更是标志着两地合作进入一个全新的阶段，将有力促进产业有序转移，助力武江融湾发展，实现两地协作共赢，成为新一轮莞韶对口帮扶协作的优质标志性工程。

凤武大厦项目总投资约1.23亿元，占地面积6521平方米，地上13层，总建筑面积约1.7万平方米，总高约68米。项目结合韶关作为“东数西算”枢纽节点城市的定位，重点招引大数据、算力、金融等产业聚集，着力培育新质生产力，促进武江经济高质量发展。凤武工作队有关负责人介绍，项目建成后将与金融机构合作，在凤岗联东U谷等产业核心区域购置约1万平方米工业厂房，以“东莞孵化+韶关产业化”模式，促进要素双向流动，在大湾区为武江高标准打造“反向飞地”产业园区。

实施凤武大厦和“反向飞地”，具有双重效益，可实现多方共赢。对武江区而言，可在韶关市区和大湾区分别拥有一栋商业大厦和一栋工业大楼，既有产业空间和优质资产，又有产值和税收分成。对被帮扶镇而言，项目主动向龙归、江湾、重阳3个被帮扶镇让利共约30%股份，3家强镇富村公司也分别拥有1000平方米左右的商业物业

凤武大厦

和 1000 平方米左右的工业厂房，既可迅速做大公司资产并作为长远发展的基础，又可享受长期稳定的租金收入，增强自我造血和联镇带村功能，让帮扶成效变成可及可感的民生实事。据测算，以上两个项目每年可为武江增创集体收入超 550 万元。

引导大湾区产业有序转移，招商引资是关键。凤武工作队牢固树立“实体为要、项目为王”理念，充分利用东莞后方资源优势和武江招商优惠政策，积极引导企业到武江投资。

2023 年，凤武工作队协助招商产业项目，总投资额超过 15 亿元，为武江“招大商、大招商、招好商”注入强劲动能。2024 年，工作队成立招商小分队，将周一、周五定为“招商日”，结合周末节假日加大外出招商引资力度，聚焦东莞各镇（街）旧改、拆迁社区、园区加大外出招商引资力度，把外出招商工作常态化。今年以来，成功协助招引各类项目落地开工，合同投资均超 4 亿元。

更为重要的是，凤武大厦项目的成功实施将为区域合作提供宝贵的经验和启示。通过这一项目的推进，凤武两地政府和企业之间建立了更加紧密的合作关系，形成了优势互补、互利共赢的发展格局。这种合作模式不仅有助于推动两地经济的协同发展，更为其他地区的区域合作提供了有益的借鉴和参考。

东莞茶山：以“典”带面开创高质量发展新局面

茶山镇地处东莞市中北部，是一个历史悠久、文化底蕴深厚的地区。该镇下辖 2 个社区和 16 个行政村，总面积约为 45.4 平方公里，拥有丰富的自然资源和人文景观。茶山连续 9 年获评东莞市镇街领导班子工作优秀镇，2023 年获得 7 个全市“单项冠军”，综合实力排名全国千强镇 68 位、广东百强镇 24 位。

随着全省“百千万工程”大力推进，东莞市茶山镇积极响应省、市的号召，将“百千万工程”作为推动高质量发展的核心引擎，以头号工程的力度全域推进培育省典型镇、村，瞄准投资、产业升级、绿美生态建设、民生福祉增进等各项工作，精准发力，开启现代化茶山建设新征程。

项目为王，助推镇域经济腾飞

强招商、重服务、推工改、搞项目……自“百千万工程”实施以来，茶山镇紧紧抓住产业发展这一牛鼻子，打造推动镇域经济发展的“产业王牌”。茶山镇党委书记黄锦发在 2024 年年初召开的高质量发展大会上强调，要抓紧落实“投资年”行动，围绕工业、基建等多个方面，狠抓重大建设项目，加快工程项目建设任务分解，确保每个项目有人抓、有进展、有成效，推进项目早开工、早竣工、早达效。

走进茶山镇的各村（社区），一座座现代化的厂房拔地而起，机器轰鸣，工人忙碌。这里，是茶山镇产业转型升级的主战场。一年来，茶山镇以实际行动将高质量发展的“规划图”变成“实景图”，通过以重大项目攻坚为牵引，落实“保姆式”跟踪服务，着力解决用地、融资、手续办理等实际问题，加快推进22个重大项目建设，2024年1—9月重大项目完成投资17.88亿元，已完成投资年度计划的88.95%。

一系列的数据不仅展现了茶山经济的蓬勃发展，更展现了其在高质量发展征程上的信心与决心。

在招商引资方面，茶山镇更是下足了功夫。他们大力实施“大招商”2.0版行动，通过优化招商政策、提升招商服务、拓展招商渠道等措施，吸引了众多优质项目落户。2024年1—9月，全镇引进亿元以上项目14宗，协议固投34.32亿元，其中战略性新兴支柱项目协议固投25.84亿元，已超额完成任务。特别是总投资10亿元的君合新型储能电站项目的成功签约落户，为茶山镇的产业发展注入了新的活力。

一直以来，茶山镇深入实施创新驱动发展战略，全力推进科技赋能、产业升级，厚植新型工业化的优势特色。茶山镇食品制造产业集群入选2024年广东省中小企业特色产业集群名单，加快推动传统食品饮料产业逐步向休闲健康食品产业转型，全力推动食滋源总部等重点项目建设，做大做强总部经济，并借助全国糖酒会等展会持续开拓市场，推动食品饮料产业稳中向好。2024年还成立了茶山玩具和婴童用品协会，加速整合行业资源，促进茶山镇玩具和婴童用品行业高质量发展，提升“茶山玩具”影响力、话语权。

珠三角地区经过数十年的经济发展，工业用地已经触及“天花板”，要蜕变，唯有在“工改”上下足功夫。茶山镇把城市更新工作作为发展壮大集体经济、推动产业转型升级的重要举措，谋划推进了一批改造项目。目前茶山重点推进京山—横江现代化产业园区建设，开启“大兵团作战”模式，成立镇城中村（现代化产业园区）改造现场指挥部。此外，该镇正在推进增埗麒麟城、博头华发、横江电子城、冲美水圳口

自“百千万工程”实施以来，茶山镇深入实施创新驱动战略，全力推进科技赋能、产业升级，厚植新型工业化的优势特色。

片区、超朗联创产业园等 11 宗“工改工”项目，其中 3 宗项目已完成工程建设。

精心运笔，打造绿美茶山画卷

绿美广东生态建设是广东生态文明建设的战略牵引，也是关系广东长远发展和民生福祉的重要工程。茶山镇积极响应相关部署要求，严格按照“绿美六个一”要求打造绿美茶山，推动城市品质大提升。

茶山镇牛过蓢古村落，不仅历史悠久，古建筑众多，更有郁郁苍苍的生态古树群。牛过蓢古树公园正是茶山镇建设生态绿城倾力打造的原生态主题公园，坐拥 2 万多平方米的原始生态林。阳光透过古树，丁达尔效应下，每一束光都有了形状，漫步其中尽可享受悠然静谧时光，时常吸引大量市民游客及摄影爱好者前来休闲打卡。

在茶山，像牛过蓢古树公园一样的休闲打卡地还真不少。近年来茶山镇抓好抓实绿美茶山生态建设，积极打造上元稻田公园，并将其作为公园绿地开放共享试点。上元稻田公园总面积约 200 亩，是东莞首个集生态保护、休闲观光、科普教育于一体的以水稻为主题的公园，分季节种植水稻和观赏花卉，并设有水稻科普文化长廊、田间栈道以及特色彩绘等，实现从“窝棚”变“公园”的典范。

除了打造休闲好去处，茶山镇还持续推进“四小园”、街头小景、美丽庭院等建设，粟边村公园（何真公园、游屋公园、陈坑公园）、南社村乌石岭公园和北二公园、冲美文化公园、超朗文化公园共7个口袋公园已完成建设。

截至2024年底，茶山镇已升级改造综合性特色公园32个，建成“口袋公园”22座，打造街头小景56个，重点实施彩色林绿化项目12个，改造提升20条镇村主干道绿化景观，打造“人大林”“青年林”等主题林5个，新增及补绿复绿面积20多万平方米，古树名木100%建档挂牌保护，人均公园绿地面积达11.4平方米。

培育典型，推动文旅赋能“百千万”

茶山南社村是广东省和东莞市首批“百千万工程”典型村。走进至今已有800多年历史的南社明清古村落，只见红砖绿瓦、翘角飞檐、雕梁画栋，给人一种静谧的松弛感。立足古村落这一资源禀赋，南社村“软硬兼施”，不断丰富文旅体验项目，提升人居环境和设施配套，擦亮古村特色文旅名片，力争打造成为独具“东莞特色岭南风韵”的乡村发展标杆。

在“软件”提升方面，2024年创新把南社古村打造为“茶园游会”主会场，结合“五一”假期，开展粤港澳（东莞）非遗墟市、非遗亲子嘉年华、非遗展演等展示体验活动，为古村“引流圈粉”。同时，为丰富游客旅游体验，在各个节假日开展农耕互动巡游、粤剧表演、灯光秀、夜间实景演出、汉服体验打卡等活动，有效提振文旅消费。2024年1月至10月，南社明清古村落景区累计接待游客超62万人次，创收1443万元，旅游收入同比增长9%。

在“硬件”支撑方面，南社村在古村周边规划建设停车场，着力解决“停车难”“停车乱”问题；对村内建筑谋划实施外立面改造，统一沿街建筑风貌；谋划推进升级改

茶山镇将“百千万工程”作为推动高质量发展的核心引擎，以头号工程的力度全域推进培育省典型镇、村，开启现代化茶山建设新征程。图为茶园游会现场

造村内多条主干道及环村道路，优化村内道路品质；开展美丽田园建设，建成后将融入南社古村旅游资源圈，为村民游客提供便捷多样的生活游玩体验。

依托南社古村等丰富旅游资源，茶山进一步推进全域旅游资源开发利用，把发展乡村文化和旅游产业作为实施乡村振兴战略的重要抓手。包括完善古迹游、工业游、生态游、研学游等本土精品旅游线路，推出“茶山镇非遗文旅体验精品线路”“茶山镇工业研学旅游精品线路”。推动南社明清古村落、“醉千年慢生活社区”项目等重点景区、项目建设，推动寒溪水红色旅游景区申报“国家 AAA 级旅游景区”。持续办好国家级非遗“茶园游会”，推动“非遗 + 旅游”“文化 + 旅游”深度融合，加强旅游宣传推介，将其打造为大湾区优秀传统文化交流展示传播平台，提升“茶园游会”品牌影响力、传播力。

2024 年茶园游会吸引了超 200 万人次客流，带动全镇经济消费收入约 3000 万元，

依托南社古村等丰富旅游资源，茶山进一步推进全域旅游资源开发利用，把发展乡村文化和旅游产业作为实施乡村振兴战略的重要抓手。图为南社古村

活动全网曝光量破亿，创历届新高。南社古村落上榜了清华大学国家形象传播研究中心发布的《短视频时代的大众文旅生活白皮书》“抖音TOP10打卡乡村”名单，并入选“中国天气”发布的霜降节气生态文旅品牌名录。茶山镇还入选首批文化产业赋能乡村振兴省级试点名单，为乡村经济发展注入新活力。

接下来，茶山镇将以培育省典型镇、省典型村的责任担当，加力提速实施好“百千万工程”这一牵动全局、惠及长远、根深叶茂的“头号工程”，持续深入抓好人居环境改善、产业转型升级、民生福祉增进、社会和谐稳定等各项工作，以“时时放心不下”责任感和紧迫感，充分调动社会各界力量，奋力推动“百千万工程”开创新局面、取得新成效。

东莞横沥镇：
加快构建镇强村兴的生动格局

春风浩荡春潮涌，号角声声催征急。站在新时代的潮头，广东正以“百县千镇万村高质量发展工程”（以下简称“百千万工程”）作为高质量发展的重要抓手。横沥镇将“百千万工程”作为推动镇村高质量发展的头号工程，坚守制造业的核心地位，巧妙融合产业升级、城市革新与乡村振兴的宏大蓝图，获评2023年度东莞市“百千万工程”综合考核评价优秀等次，彰显了蓬勃的发展动力与卓越的治理成效。

横沥镇深知行动胜于言语，迅速成立了由镇党委书记亲自挂帅的“百千万工程”指挥部，构建起“1+5+18”的高效运作体系，确保每一项举措都能精准落地。自“百千万工程”实施以来，该镇领导班子深入基层，调研摸底，全面构建了“1312”典型引领体系，并配套发布了26份政策文件，为实施“百千万工程”提供了坚实的政策支撑。同时，横沥镇坚持规划先行，精心编制了“百千万工程”建设提升规划方案，为城乡融合发展铺设了科学的路径。

重大项目遍地开花，点燃经济发展引擎

在经济发展的主战场上，横沥镇以打造高品质产业空间为突破口，依托“科技创新＋先进制造”的特色优势，不断壮大模具、电子信息、智慧光电、食品饮料四大支

柱产业，同时积极布局半导体、医疗器械等战略性新兴产业。2023 年横沥镇制造业高质量发展考核跃居全市第四，规模以上工业增加值占 GDP 比重高达 60.5%，位居全市第五，展现了逆势而上的非凡实力。

面对传统产业园区的发展瓶颈，横沥镇快速整合资源，盘点“家当”，通过“工改工”模式，对神山工业区、石涌工业区等多个地块进行改造升级，力求拆除不少于 480 亩土地，其中现代化产业园区内拆除面积不少于 320 亩，并推动一系列“工改工”项目动工建设。

2024 年 10 月，横沥镇的建设工地呈现出一派热火朝天的繁忙景象。作为东莞市重大建设项目的怡合达智能制造供应链华南中心二期项目，正在全力冲刺竣工目标。该项目总投资约 11 亿元，用地面积约 93.29 亩。投产后，该项目将为客户提供工业自动化设备、FA 工厂自动化零配件一站式采购服务，预计年产值约 21 亿元。

广东横沥发展控股集团有限公司（以下简称“横发集团”）作为镇属企业，主动冲锋在前，在加快推进固定资产投资项目、全力建设现代化产业园、升级改造低效能厂房物业方面当好表率、走在前列，不断开拓盈利能力强的新业务，助力横沥镇在“百千万工程”新赛道上跑马突围。

要壮大农村集体经济，就要管好用活土地资源。在横沥，农村亦是发展产业的主战场。该镇借助镇属企业优势，采用“3+1”模式盘活低效物业和闲置地，唤醒“沉睡资源”，壮大集体经济。一是“镇级统筹 + 连片盘活”，通过镇属企业统筹用地、开发和招商，提升物业档次。二是“村组回购 + 留改拆并举”，村集体优先回购低效厂房并改造升级。三是“村设公司 + 社会运营”，引入文创公司合作打造乡村产业项目。四是“制度支撑 + 金融保障”，出台政策鼓励招商引资，提供税收奖励，设立产业升级补贴奖励专项资金，并与银行达成意向授信，解决资金不足问题。这些措施有效提升了土地利用率和产业发展水平，为“百千万工程”提供了有力支撑，推动了横沥镇的高质量发展。

横沥镇将"百千万工程"作为推动镇村高质量发展的头号工程，坚守制造业的核心地位，巧妙融合产业升级、城市革新与乡村振兴的宏大蓝图。图为横沥镇

通过镇村合作，该镇大幅提升集体物业容积率和总面积，进一步优化了集体土地空间布局，提升了土地承载力和利用率，实现从“筑巢引鸟”到“强笼壮鸟”的转变。

2023 年以来，横发集团已招引 5 家企业落户固投项目，为产业持续发展注入强劲动力。特别是东明智能科技（广东）有限公司，作为首批进驻企业，与横沥发展控股集团有限公司签订厂房租赁合约后，仅用时五个月便顺利投产，展现了项目推进的高效与成果。

该项目的快速投产标志着横沥镇现代化产业园区建设迈入新阶段，展现了横沥镇在优化资源配置、推动产业升级方面的决心与成效，为农村集体经济的持续壮大奠定了坚实基础。

“我们选择横沥，不仅看重这里完备的产业链，更看重这里完善的配套设施以及优质的营商环境。”东明智能科技（广东）有限公司负责人表示。

如今，走进横沥镇，栋栋高标准厂房拔地而起，重大项目呈现遍地开花的盛况。这正是该镇营商环境不断“加码”的成果。

横沥镇瞄准四大支柱产业及当前布局的新兴产业，本着“招大引强”的目标，组建了招商队伍，分别到深圳、天津、上海、福州、长沙等地区开展企业招商考察活动，与企业负责人展开洽谈，全方位、深层次“交底交友”，也换来了各地客商的热情回应。2024 年以来，横沥招引并完成签约亿元以上产业项目共 16 宗，合计协议固投约 34.152 亿元。

横沥注重产业链上下游生态的塑造，以链招商，形成聚集效应、乘数效应，拥有扎实的上下游产业生态链基础，这是吸引企业很重要的原因。

项目生成后能不能落得下、留得住，关键看服务环境和服务效能。为此，横沥以“摘牌即动工”为目标，推行“莞家代办”“专人跟踪”“一企一策”“保姆式”服务，让企业对项目的快建设、快投产、快达效充满信心，也带动上下游产业“抱团式”发展。

如今，横沥已然成为众多企业争相“抢滩”的香饽饽。接下来，横沥将加大力度拓展产业空间，全力打造现代化产业园区，加快产业链上下游企业集聚，加快培育新质生产力，释放制造业发展澎湃动能。

绿美横沥生态建设，打造宜居宜业新环境

绿树成荫，东篱散步，品茗逗猫……独属乡村的松弛感在横沥就能感受到。走进横沥镇张坑村，乡村环境整洁优美，“四小园”内鲜花盛开，斜阳映照，陶渊明笔下“采菊东篱下，悠然见南山”的名句此刻变得具象化。

如此美景正是横沥镇深入实施“百千万工程”的生动写照。横沥镇高度重视“绿美横沥”生态建设，出台了《横沥镇绿美城乡建设行动工作方案》。紧密围绕“山、水、城、村、路”，坚持科学节俭绿化，重点推进绿美森林、绿美城市、绿美乡村、绿美水系、绿美通道五项建设。

横沥镇以打造高品质产业空间为突破口，不断壮大模具、电子信息、智慧光电、食品饮料四大支柱产业。图为桃子园产业园区

“我们村以前的烂水沟、垃圾场，闲置地现在都成了小公园，村民随时可以散步、遛娃，也可以在小菜园种菜。无论是环境上还是基础设施上，我们村都有了实质性的改变。”张坑村党总支书记张锦亮介绍。

传统文化是民族的根，也是乡愁。张坑村是横沥百年牛墟相牛文化的核心村落，横沥牛墟已有 500 多年历史，是广东“四大牛墟”之一，张坑村因地理位置和交通枢纽的重要性，成为牛墟交易的重要中转站，涌现出众多以相牛为生的“牛经纪”，其中金牌牛经纪张杨锦尤为著名。相牛技艺包括摸寿、试步、考车、试犁等步骤，是数百年来牛墟市场传承的家传秘技。张坑村以张杨锦的“诚信为本”精神为核心，打造相牛文化公园，弘扬相牛文化。

在绿美乡村建设方面，横沥镇持续开展“五边”“四旁”绿化，充分利用村头巷尾、房前屋后等空闲土地，因地制宜开展“四小园”建设，增加村庄绿化面积，增设休闲绿地、景观小品、墙面彩绘等，绿化美化村庄。

隔坑村是广东省“百千万工程”的首批典型村，除了精细化打造“四小园”，该村还率先在全市打造首家“花卉超市”，旨在通过该平台推动绿美生态建设，助力乡村振兴。

走进隔坑村，映入眼帘的除了精美墙绘及整洁的村道，最吸引眼球的要数“花卉超市”。庭院精美小巧，花草错落有致，走进“花卉超市”，只见内部宽敞明亮，各式各样的花卉、手工作品摆放在精心设计的展架上，很是美观。

“花卉超市的精髓除了美丽庭院的展示，更多的是通过积分制的方式，鼓励大家共同参与美丽乡村的建设和维护。”隔坑村党委副书记吴国良坦言，群众通过参与活动、认领“四小园”、志愿服务、打造“美丽庭院”等方式来花卉超市换取积分，积分可以兑换物品或者换取创美导师团前往家中帮忙打理小花园的服务。隔坑村通过这一举措充分调动大家的积极性，从而实现共治共建，长效实现绿美乡村建设的目的。

自隔坑村打造“花卉超市”赋能绿美生态建设，探索出一条可复制的经验。目前，该经验在横沥镇全镇推广，其中，张坑村、田头村、石涌村、村头村、田饶步村、新四村 6 个“花卉超市”已完成建设并投入运营，其余 11 个村（社区）正在推进中。值得一提的是，当前横沥镇已打造山厦村、隔坑村、张坑村、村头村、新四村等市级“美丽庭院”典型村 5 个，已打造“美丽庭院”典型户 669 个，其中市级典型户 189 个。

接下来，横沥镇将持续深化“百千万工程”实施成效，探索建设乡村振兴示范带，充分挖掘本地资源，发挥地方特色，统筹推进绿美乡村建设。到 2025 年底，横沥镇计划建设改造口袋公园 20 个，“四小园”建成总数超 1200 个。

构建公共服务体系，赋能“百千万工程”

近年来，横沥镇坚持以群众需求为核心，以党建为引领，聚焦“一老一小”群体，并在教育、医疗等领域精准发力，构建综合性公共服务体系，推动党群服务的高质量

张坑村因地制宜开展“四小园”建设，增加村庄绿化面积，增设休闲绿地、景观小品、墙面彩绘等，绿化美化村庄。图为张坑村花卉超市

发展，不断增强人民群众的获得感和幸福感。

横沥镇围绕“百千万工程”，聚焦“一老一小”群体，创新服务机制，构建党员志愿服务关爱体系。通过党建引领，统筹调动各方力量，打造助老养老、同心共育、爱心助困“服务圈”。开展多样志愿服务，如健康义诊、党史学习教育、亲子活动等，满足“一老一小”多样化需求。同时，健全机制，推动党员志愿服务常态化，注重总结经验，深化量化管理，将志愿服务纳入党建考评，激励党员积极参与，确保服务规范化、长效化，全面提升“一老一小”幸福指数。

横沥镇社卫中心通过健康体检、免疫接种、延续护理等措施，提升老年人健康水平，强化社会参与和人文关怀，取得显著成效，群众满意度高，党建引领下的健康服务深入人心。

在社会治理体制建设方面，横沥镇打造了益企啡吧治理模式，在2022年入选“全国社会治理创新案例”，是东莞市唯一入选的案例。

“这里无论是咖啡、点心的制作还是庭院装扮，全部由志愿者完成。”隔坑村志愿者林春秀大部分业余时间都在益企啡吧度过。她坦言，益企啡吧作为社会治理协同创新工程在村级的延伸，汇聚各方资源，精准对接有需要的群体，培育治理人才，设计基层治理项目，化解矛盾纠纷。

自2020年以来，已建立5家实体店铺，覆盖村（社区）、企业及工业园区，成为社会治理的小枢纽。2024年1—10月，累计开展活动325场次，参与人数9384人次，惠及26550人次。

在教育文化领域，横沥镇同样取得了显著成果。镇内的学校、幼儿园等教育机构不断完善教学设施，提升教学质量。同时，横沥镇还积极开展各类文化活动和志愿服务，如“乡村阅读季”“公益电影放映”等，丰富了群众的文化生活，提升了他们的文化素养。

值得一提的是，横沥镇瞄准群众需求，积极探索将党群服务中心建成一体化综合服务平台，实现“一门式办事窗口”“一站式综合服务”“一体化资源统筹”“一网覆盖的信息管理”及“多元参与协商共治”等多功能的便民平台。同时设立“村民议事会”“志愿者服务站”等平台，鼓励群众积极参与社会治理和公共服务建设，形成了政府引导、社会参与、群众受益的良好局面。

博罗：
“百千万工程”助推发展再提速

博罗县，隶属于广东省惠州市，位于广东省中东部、惠州市北部，其地理位置优越，是粤港澳大湾区的枢纽要塞，也是深莞惠经济圈的重要组成部分以及珠三角辐射带动粤东北的关键节点。

自 2023 年“百县千镇万村高质量发展工程”（以下简称“百千万工程”）实施以来，博罗县高度重视。从产业升级的田间地头，到绿美博罗的山川河流；从镇域经济的蓬勃发展，到三产融合的深度推进，博罗县正以实际行动书写着乡村振兴的壮丽篇章，在 2023 年度省实施“百千万工程”考核评价中获评创先类县（市）优秀等次。2024 年上半年，博罗县完成地区生产总值 380.43 亿元，增长 4.3%；先后获评全国百强县、全国投资竞争力百强县、全国城市营商环境创新县。

科技赋能夯实产业家底

实现高质量发展，落脚点还是在产业。坚持制造业当家，如何在高质量发展浪潮中争先进位？博罗县将科技赋能作为破题关键一招。2024 年，博罗紧紧抓住“百千万工程”这一推动县域经济社会发展的总抓手，持续推动经济实现质的有效提升和量的合理增长，加快成长为千亿级高质量发展强县，在县域高质量发展中走在前列、作出示范。2024 年 1—6 月，博罗县地区生产总值实现 380.43 亿元，同比增长 4.3%。农业总产值 71.25 亿元，增长 2.7%。

工业产业方面，博罗县锚定建设“4+2+N”现代化产业体系目标，做强新一代电子信息、智能装备制造、新材料、新能源、新型储能、生命健康等产业，打造欣旺达新能源、南亚电子、大金空调、罗巴克饮料等一批 10 亿、50 亿、100 亿级企业。

众多龙头产业聚集，得益于博罗县不断强化产业链招商。当前，该县实施重点产业链“链长制”，建立“总链长 + 链长 + 链主 + 链长办”工作体系，已规划 9 条重点产业链。

接下来，博罗将进一步狠抓“链长制”落实，从食品产业重点突破，全面推进“链长制”加力提速。聚焦“一链一策”，强化产业链招商，制定重点产业链培育机制，全力支持“链主”企业发展，推动产业链取得实质性进展，加快打造更多百亿级产业集群。

发展特色产业，提升镇域经济

镇村经济发展才能真正实现高质量跨越。为此，博罗县供销社与村集体携手，以“供销农场”和“供销渔场”为创新载体，积极探索“社村”合作新模式，通过股份合作、购销合作等多种方式，构建了紧密的利益联结机制，为镇村经济发展注入了强劲动力。

作为农业产业大县，近年来博罗县在种植、养殖产业发展方面迎来新转机。博罗县以粤港澳大湾区（广东 • 惠州）绿色农产品生产供应基地落户博罗县为契机，主动对接省社龙头企业，以股份合作制形式成立了惠州供销博禾农服有限公司和惠州市供销绿色农产品有限公司，分别牵头建设和认证供销农场、供销渔场，利用自身行业资源优势以农场为载体探索联农带农机制。

当前，博罗县依托省级农业产业园项目，在泰美镇、柏塘镇、杨村镇、公庄镇、湖镇等五个镇，精心规划并建设了 10 个蔬菜供销农场。这些农场总面积约为 2150 亩，总投资额约 1370 万元，直接惠及农户约 1478 户。

从产业升级的田间地头，到绿美博罗的山川河流；从镇域经济的蓬勃发展，到三产融合的深度推进，博罗县正以实际行动书写着乡村振兴的壮丽篇章。图为玄碧湖（大洞水库）环湖绿道

通过建立供销农场，博罗县实现一站式解决土地撂荒、种植技术以及销售难题。当前，超过1500 亩的撂荒地得到了有效整治，重新焕发生机。这一举措不仅盘活了土地资源，还形成了“社有企业 + 乡镇供销社 + 村集体经济联合社 + 供销农场（供销农场生产合作社）+ 农户”的多元化利益联结体，确保了各方利益的共赢。据统计，2024 年博罗县供销农场上半年产出订单农产品在 1500 吨以上。

博罗县水资源丰富，养殖业亦是其传统优势产业。该县依托湖镇供销水产综合服务站（该站已获出境水生动物中转场认证），成功完成了首批 10 家养殖供销渔场的建设及认证工作。

在养殖业方面，博罗县整合了龙华镇与湖镇镇下辖的 6 个行政村的 1108 亩养殖场。通过供销渔场自身行业资源优势，仅 2024 年已整合供港及加工企业订单需求量约 3000 吨。2024 年上半年，湖镇水产综合服务站交易水产 941.65 吨，交易额 1732.92 万元。

此外，博罗县还注重发挥供销合作社的桥梁纽带作用，积极探索“社村合作”主题共建农场，采取“土地股份合作 + 供销托管服务”的方式运营，鼓励农民以土地经营权入股参与，实现了土地资源的有效利用和农民收入的稳定增长。

博罗县不仅农业产业兴旺，其得天独厚的自然风光、深厚的文化底蕴和丰富的旅游资源，也吸引了众多游客前往。近年来，博罗县民宿经济迅速崛起，成为农民增收致富的重要途径。据统计，全县现有民宿 281 家，提供房间数约 5137 间、床位数约 7971 张，这些民宿大多以中小体量为主，主要分布在风景秀丽的罗浮山周边。

在长宁镇，民宿经济尤为突出。该镇凭借罗浮山核心景区的集聚、示范和辐射带动作用，致力于做好“民宿 +”文章。通过挖掘本地资源，嵌入青云书室、玄碧湖等景点，打造精品研学路线，2023 年民宿及餐饮业营业收入超 200 万元，吸引游客超百万人次。同时，租用村民闲置房屋打造特色民宿，租金大幅提升，吸引人才返乡创业，带动村民就业增收。此外，长宁镇全力打造精品品牌民宿，如今已有约 20 家特色民宿，如清水湖农庄、浮生六季等，不断提升旅游民宿品牌的知名度和影响力，为乡村旅游注入新活力。

如今，长宁酥醪、下浪和澜石组团形成了带状发展，聚集了全县约一半以上的民宿和乡村酒店。这里的民宿投资和经营模式多样，既有个人投资和家庭自营的温馨小筑，也有外来资本注入和村集体成立公司运营的高端民宿。这些民宿结合本地文化特色，写好“民宿 + 文化”“民宿 + 非遗”“民宿 + 体育”等业态融合发展文章，通过成立民宿行业协会的方式，推动民宿和精品酒店主题化、品牌化、集群化发展，全力打造“环两山”乡村酒店（民宿）的标杆。

扮靓乡村，高质量打造城乡风貌带

在博罗县，宜居宜业宜游乡村风貌不仅是群众对美好生活的向往，更是推动县域经济高质量发展的重要抓手。近年来，博罗县注重保护历史文化资源，挖掘地方特色，

博罗以“百千万工程”为抓手，持续推动经济增长，加快成长为千亿级高质量发展强县。图为欣旺达惠州新能源产业基地

力求在保留传统风貌的基础上，融入现代元素，打造具有地方特色的城乡风貌。该县围绕“三生融合 醉美罗浮”乡村振兴示范带建设目标，成功打造“可看、可学、可推广”的乡村振兴样板，获评2022年度“广东省十大乡村振兴示范带”。

苏东坡笔下的“罗浮山下四时春”描绘的正是博罗县的罗浮山景区。得天独厚的自然风光和深厚的文化底蕴，正是博罗县高质量发展及获评“广东省十大乡村振兴示范带”的底气。该县着力打造的环罗浮山乡村振兴示范带，示范带串联博罗长宁、福田、横河3镇9村111个村民小组，总面积71平方公里，全长26公里。

随着“百千万工程”深入实施，博罗县因地制宜推进镇村建设，结合当地特色资源禀赋，开展“一镇一主题”圩镇风貌设计，长宁镇以“稚川移居图”为主题、湖镇镇以“千锣百鼓”为主题打造美丽圩镇。

博罗县瞄准文化名片，通过风貌改造，扮靓园洲镇，提升优化周边民居立面，打造风格统一的镇村面貌，传承东江文化，盘活东江旧粮仓低效用地，将其改造成文化创意产业园。该园区包括旧粮仓、旧纺织厂等，经过创意设计和业态重塑，已转型升级为集文化、商业、旅游于一体的生活美学街区，成为新文旅 IP。如今，旧粮仓群面貌焕然一新，已从“活起来”走向“火起来”，成为年轻人热衷打卡的新地标。

在绿美圩镇和村庄建设中，公庄镇结合乡村振兴战略，对市政、村庄道路进行绿美风貌提升改造。一方面开展全民清扫活动，累计投工投劳 45 万人次，实现从最初的 11 个干净整洁未达标村变成现在 22 个美丽宜居达标村。如今，爱护家园，全民行动的理念在公庄镇已深入人心。

不仅如此，公庄镇充分发挥人民城市人民建的理论，开展“全民清扫”“全民绿美”“全民议事”“全民共筹”，通过“四个全民”凝心聚力，在村民和社会各界力量的支持和参与下，一件件实事在各村圆满实施，并办到群众心坎里，“百千万工程”在公庄大地上落实落细。

美丽圩镇建设为当地群众带来了实实在在的福祉和利益，博罗县美丽圩镇“七个一”项目正全面推进，已开工 110 个，开工率 88%。接下来，博罗县将继续以环罗浮山乡村振兴示范带为引领，不断推动城乡融合发展取得新成效。

数字赋能，打造基层治理新生态

高空鹰眼、热成像鹰眼、无人机、移动对讲机等现代化智能设备在博罗县基层治理中可谓是发挥了四两拨千斤的作用。在博罗县，一场场“数智化”革命正给乡村带来翻天覆地的变化。

近年来，博罗县以“百千万工程”为总抓手，积极推进乡村振兴战略，通过数字赋能，为乡村振兴插上了腾飞的翅膀。石湾镇，作为全国重点镇和广东省“百千万工程”典型镇，深入贯彻党的二十大精神，以党建引领基层治理，先行先试启动智慧城镇管

粤港澳大湾区（广东·惠州）绿色农产品生产供应基地

理指挥中心建设，以数字化、网络化、智能化赋能基层治理，构建镇域治理“一网统管”大城管格局。

该中心总投资约1500万元，分三期建设，已稳健运行的一、二期项目实现了镇容镇貌管理、露天焚烧预警、河道防溺水管理等功能，通过高空AR鹰眼、热成像等设备，结合智能音柱远程喊话，实现了无接触管理，大幅提高了行政执法效率。同时，中心整合多方图像视频资源，实现高效指挥调度，对突发事件迅速分析研判，统一指挥，协同作业。

三期项目将以数据可视化和网格化管理为主，汇聚城镇经济运行、人口、企业等数据，构建石湾镇专属网格，实现“一网整合数据、一屏能观全局”的精细化管理。全面建成后，该中心将综合运用多种智能应用模块，实现对城市管理、社会治安等多领域的互联互通和共享应用，推动城镇管理工作更加精细化、智慧化。

智慧城镇管理指挥中心的建成，不仅解决了辖区内人员不足的问题，还提高了部

石湾镇智慧城镇管理指挥中心

门业务管理及处置能力，为部门联合治理提供科学数据支撑，形成城镇治理的通力合作，减少了露天焚烧、车辆乱停放等现象，为石湾镇的高质量发展注入了新的活力。

农民在直播间里推介特色农产品，电商平台成为农产品销售的新渠道。惠州移动公司在博罗县大力建设乡村宽带网络，实现乡村区域行政村 4/5G 网络 100% 覆盖，让农村群众享受到了便捷的网络服务。在博罗县柏塘镇，茶农们依托移动 5G 网络，通过直播方式推介茶叶，吸引了大量观众围观和购买，茶叶销售量大幅提升。

数字化建设已然成为乡村治理以及推动产业高质量发展的重要抓手。接下来，博罗县将广泛搭建基层治理数字化平台，利用 5G、大数据、物联网等现代技术，实现森林防火、水位检测、应急救援等多场景的"数字"管理，形成全流程、一体化、无延迟及云存储的网络监测网，有效提升乡村安全防范水平。

封开：
力促城乡融合发展，扎实推进新型城镇化建设

封开县，隶属广东省肇庆市，位于广东省西北部，是“西江走廊”经济区域的重要组成部分又是“珠三角”与大西南的交会点。

2024年以来，封开县锚定高质量发展首要任务，在“一年开局起步”的基础上，锚定“三年初见成效，五年显著变化，十年根本改变”的目标，突出抓好制造业当家、绿美生态建设、典型镇村培育等重点工作，以“头号工程”力度推动“百千万工程”实现典型突破、取得更好成效。2024年上半年，全县GDP增长6.1%，规上工业增加值增长14.1%，增速分别排名全市第2名、第1名；1—7月全县规模以上工业增加值、固定资产投资、社会消费品零售总额、一般公共预算收入分别完成21.91亿元、33.57亿元、21.39亿元、3.49亿元；重点项目完成年度计划的92.05%，进度排名全市第1。封开在2023年度广东省实施“百千万工程”考核评价中获评消薄类县（市）优秀等次。

大抓县域产业发展，全面提升县域经济综合实力

一个产业带动一方发展，富裕一方百姓。封开县土特产资源丰富，做大做强“一猪一鸡三棵树”特色产业集群，推动农业产业高质量发展。

近年来，封开县坚持工业化理念，把加快农业现代化发展，高质量建设岭南特色

杏花鸡产业园

农业作为一项重要举措，以优质农产品规模化产业化品牌化强镇兴村，聚焦强龙头、补链条、兴业态、树品牌，围绕“一猪一鸡三棵树”（生猪、杏花鸡、麒麟李、油栗和南药）等优势农产品做好“土特产”文章，建设现代特色农业产业体系，助推农业提质增效、农民增收致富。

一是抓好绿色建材主导产业发展。首期开发面积约 1.5 万亩的绿色建材产业园初具规模，公用综合码头（一期工程）3 个泊位完成工程进度的 66%，大排矿建材项目建成投产，海螺水泥古利山绿色建材项目加快建设，力争年底实现开矿出货形成实际产值。试验区封开园区运管机制不断完善，现有规上工业企业 19 家，1—8 月完成规上工业总产值 7.25 亿元、同比增长 52.0%。

二是推进招商引资提质增效。实施促进实体经济发展 10 条“硬核”举措，全县“主导+特色”产业企业40家，2024年以来，新引进项目27个、总计划投资额29.24亿元，其中制造业项目18个、计划总投资17.63亿元；新增开工项目23个、竣工11个、投产11个，其中制造业项目新增开工12个、竣工6个、投产5个；制造业项目实际投资额10.02亿元。

三是推动农业全产业链延伸。持续壮大“一猪一鸡三棵树”和莲都山羊等特色产业，越秀农牧生猪养殖一体化一期项目累计引进近1.8万头种猪，杏花鸡扩容提质现代农业产业园16个子项目完成5个，粤宏康杏花鸡养殖项目引进蛋鸡超98万羽、日产鸡蛋超72万枚，莲都山羊初步实现规模化养殖，麒麟李、油栗、南药等“三棵树”增加种植面积0.53万亩、产值超6亿元。

四是大力发展文旅产业。积极培育职工“疗休养”、乡村研学、劳动教育等文旅新业态，成功举办封开县·番禺区首届农文旅产业文化节、庆祝五四青年节乡村骑士环贺江碧道骑行活动、2024年大湾区（肇庆·封开）乡村振兴“杏花宾馆杯”匹克球公开赛等活动。

推动体制机制改革，激发释放县镇村发展活力潜能

撂荒的农田被流转，沉睡的资产被唤醒，闲置集体建设用地资源经整治后赋能乡村振兴发展。今年以来，封开县平凤镇以全市“三资”管理改革示范镇为契机，大力推动农村集体“三资”管理改革工作，并取得了明显成效。

平凤镇是革命老区。为加强农村集体“三资”管理工作，在市、县党委政府和相关部门的扶持指导下，该镇以党建为引领，成立了农村集体“三资”管理改革工作领导小组，配齐专业人员，确保经费投入，加强制度建设，强化执行落实，破解掣肘农村集体“三资”管理的瓶颈难题，因地制宜发展乡村产业。

封开推进平凤镇农村“三块地”改革，完成试点村1678名社员资格认证，率先实行宅基地“地票制”，保障村民宅基地使用权，全镇累计流转承包地1470.4亩、印

发地票 16 张。开展长安镇农村宅基地改革试点，创新实施宅基地“四统一”制度，建立建设用地“留白”机制，为村庄未来发展预留充足空间。加快南丰镇全域土地综合整治改革，按照“全域规划、整体设计、综合治理”的原则，整合流转地、腾挪宅基地、盘活低效地，着力打破土地效益低和空间质量低的双重桎梏，全镇累计流转土地超 3900 亩。

此外，封开深化扩权强县和强县扩权改革。制定《封开县行政许可事项清单》等清单目录，将封开依法实施的 273 项中央和省、市级层面设定的行政许可事项纳入清单管理，分批调整下放 110 项行政事权至镇街实施。深化综合行政执法体制改革，完成 16 个镇街综治中心规范化建设，推动县直执法部门力量下沉镇街，充实基层行政执法队伍力量。全面推行“镇街吹哨、部门报到”机制，强化镇街党（工）委对县直部门派驻机构的统筹能力，1—8 月各镇街共“吹哨”133 次。

创新生态产品价值实现机制。利用封开丰富的自然资源推动生态产业化和产业生态化，成功入选全省深化集体林权制度改革试点，说山抽水蓄能电站项目有序推进，华润润凤复合光伏发电项目实现并网发电 4076 万千瓦时。以“一村千树”产业项目为抓手，创新实施“树票制”“地票制”改革，破解农村人居环境“治理—反弹—再治理”难题，带动村民就业和村集体增收，成为广东省驻村帮扶典型案例并上报农业农村部，并两次入选省“百千万工程”指挥办“工作信息”，《一村千树》微电影获财政部短视频大赛一等奖。

力促城乡融合发展，扎实推进新型城镇化建设

街道宽阔整洁、骑楼整齐划一、灯笼华丽绚烂……自南丰镇编制《美丽圩镇建设实施方案》以来，着力提升省道 266 沿线及镇区中心圈风貌，致力打造“一街一圈一中心”的美丽圩镇示范样板。

南丰镇谋划实施开建大道于村牌坊至富盂路口沿路环境整治工程，沿于村路口—

“一村千树”　图／梁小明

粤运汽车站—富孟路口进行改造提质，打造家居建材、酒店餐饮、城乡融合发展三个示范段，形成一条特色风貌主街。

南丰镇在城区完成骑楼街、综合市场片区改造提升的基础上，进一步谋划实施环城路、花岭大街等路段环境整治工程，沿于村路口—粤运汽车站—环城路—城东路—骑楼街—商业大道，提升整体风貌水平，闭环形成一个干净整洁、宜居宜商的镇区中心圈。

目前，骑楼街已竣工启用，南丰镇计划沿骑楼正街设置南丰历史文化简介牌，展现开建古城的历史轨迹及文化内涵，打造成为古城文化“打卡点”。

近年来，封开扎实推进美丽圩镇“七个一”建设，加快创建大洲、南丰镇省级美丽圩镇示范镇，渔涝、都平等5个乡镇创建省级卫生镇通过市级考核验收。加快推进农房风貌管控提升，坚持“政企合作，整体规划，修旧如旧”原则，以美学思维改造、产业化思维运营、景村一体的理念实施传统民居修缮和改造工程，通过风貌管控提升形成村庄与景区共建共管，一体推进美丽乡村建设与旅游景区建设，实现以农兴旅、以旅促农的乡村发展新路径，已完成圩镇内农房改造面积约 1.2 万平方米。

建强中心镇专业镇特色镇。高质量建设南丰县域副中心，以服务为导向大力实施重点基建公服扩优提质行动，成功培育“粤字号”农业品牌 1 个、省级林下经济示范基地 1 个、“四上企业”12 家。杏花镇获农业农村部和财政部批准立项建设农业产业镇，长岗镇、平凤镇入选广东省“百千万工程”第二批专业镇建设名单。大洲镇、河儿口镇、江口街道入选肇庆市首批广东省文化和旅游特色镇（入库级）。以省道 266 为核心发展轴贯通联建贺江碧道画廊和北部三镇连片，重点培育大洲、金装等 3 个典型镇，高标准打造“湾区粮仓·水美稻香”、美丽乡村重点县建设等连片项目，长安镇茭白种植、金装镇生猪养殖屠宰一体化等特色产业项目初具规模，“一猪一鸡三棵树”和莲都山羊等镇域特色农业产业持续壮大。

强化乡镇联城带村节点功能。江口街道补短板强弱项取得实效，打通 1 条“瓶颈路”“断头路”，1 个老旧小区改造顺利推进，2 个口袋公园动工建设，龙华国际酒店项目加快推进。南丰县域副中心建设初见成效，统筹推进老城区分片分区改造，南丰街道片区基础设施配套工程完成总工程量的 50%，圩镇及 2 个典型村核心区域“三线”整治基本完成，依托现有产业发展基础打造的 2000 亩产业集聚区渐次成型。

发力农业农村发展，打造宜居宜业和美乡村

2024 年 8 月，广东省妇联、省农业农村厅发布了《关于认定广东省“美丽庭院”户、“美丽庭院”典型户、“美丽庭院”村的通报》，封开县江口街道台洞村以优美和谐的人居环境，荣获广东省“美丽庭院”村称号。

台洞村，位于封开县江口街道的东北部，辖区总面积 23.1 平方公里，其中山林面积 3.5 万亩，是全国乡村旅游重点村、广东省文化和旅游特色村。近年来，台洞村聚

省典型镇——南丰镇

焦环境生态，进一步提升乡村庭院颜值，进而带动旅游产业发展。

台洞村依托自身山水资源优势，建设了两个山清水秀、乡水相融的国家 3A 级旅游景区——台洞湿地公园和励志碧道公园，指导动员广大农村家庭发展以“乡村旅游”“亲子研学”等为主体的庭院经济，打造广东省乡村旅游精品路线。

如今，台洞村积极做好“美丽庭院 + 乡村旅游”文章，将庭院经济和竹荪、绿香米等农业项目融合起来，打造更多元化的旅游新业态，带动了地方旅游和经济发展。

封开深入挖掘首批 8 个省典型村优势资源，建成大洲社区 30 多亩农田排灌系统及社区体育公园，打造古街古树公园、朱家大院月牙湾广场、状元文化展示馆等一批乡村美学典范，今宝村玉米种植基地、水石村农旅示范点、台洞村竹荪种植基地等一批农文旅融合项目脱颖而出。集聚县域土地、资金等要素资源支持25个拟培育典型村建设，完善道路、停车场、体育健身等基础设施，挖掘村内历史文化元素，打造金楼状元文化村等多个特色重点村，江口街道扶来村、大玉口社区成功创建A级乡村旅游村庄。用好用活广东省十大乡村振兴示范带1亿元奖励资金，安排其中近八成资金用于全县和美乡村建设。开展危破房清拆扫尾攻坚行动，全县33个省典型村、省典型培育储备村登记危破房2005处，已整治1893处，完成率94%。

封开创新联农带农利益联结机制，立足村庄资源禀赋，“一村一策”发展新型农村集体经济，因地制宜引入南药、稻椒轮作、渔光互补等项目发展乡村产业，长效提升村集体收入、实现村民致富。创新形成南丰镇开明村“金凤有蛋”、侯村村“绿美光伏”、长安镇今宝村“小田变大田、水渠变水网、仓库变冷库、务农变务工”等发展模式，全县所有行政村村集体收入达 10 万元以上，经营性收入达 50 万元以上的经济强村 3 个，力争 2024 年所有村级集体年经营性收入达 15 万元以上。

湾区粮仓示范带

陆河：
绿色高质量发展实现良好开局

汕尾市陆河县坚决贯彻落实广东省委“1310”具体部署，围绕“五个大抓”和市委“眼睛亮、筋骨壮、腰包鼓、脑袋富”的工作要求，以坚定的决心和扎实的行动，推进“百千万工程”，实现了良好开局，获评消薄类县（市）优秀等次。

近年来，陆河县获评“国家卫生县”“广东省县级文明城市”“四好农村路”全国示范县、“中国生态养生之乡”“中国营商环境百佳示范县”……这一张张名片，是陆河县在推动县镇村高质量发展上的不懈努力和积极探索。

实体经济为本，消薄长肉强筋骨

陆河县坚持实体经济为本、制造业当家的发展战略，围绕“明珠二号”攻坚行动，全力解决县域产业基础薄弱的问题。为此，陆河县强化了平台引领，将陆河高新区作为落实“百千万工程”的主阵地和承接产业有序转移的主力军。通过推动高新区扩园提质增效，陆河县成功将园区“搬”到了县城和典型镇，建设了镇村小微产业园，打造了“1+N”产业平台。

在产业链招商方面，陆河县牢牢把握广东省委推动产业有序转移的政策机遇，实行领导包干服务产业项目，强化“链群”招商思维。这一系列举措吸引了众多大项目

陆河县城全景

的落户，如陆河比亚迪增投新项目、中奕环保投产后追加二、三期投资、全球领先的注塑机生产企业震雄以及投资近 90 亿元的抽水蓄能电站等。同时，陆河县坚持大小产业一起抓，推进产业进乡村，抢抓珠三角纺织服装产能向外转移机遇，积极撬动广州个体工商服装协会资源，号召外出乡贤返乡创办“微工厂”，通过引进和培育服装加工、玩具组装、乐器制造等富民兴村产业项目 600 多个，带动近万人实现“家门口”就业，实现了从“消薄”到“长肉强筋骨”的转变。

深化综合改革，赋能区域发展

陆河县乘着机制优化的东风，抢抓省市下沉的政策、资源，干成了一批利好发展、惠及群众的实事。通过广东省里量身定做的采矿审批权下放，陆河县推动了叁力矿泉水动工投产，并集中要素啃下了殡仪馆、陆河大道北延工程等硬骨头，解决了建县 30 多年来难以解决的民生难题。

在聚共建合力方面，陆河县用好深圳坪山、中铁、高校、乡贤等力量，落实了帮扶资金近 1.3 亿元、建设项目 74 个。特别是通过评定分离制度鼓励工程中标企业积极投身“百千万”，建筑企业共配建或捐建绿美工程、道路项目、教学软硬件等超 3000 万元。此外，陆河县还做深做实了基层党建“336”工作法，激发了群众参与“百千万工程”的主动性，形成了人人参与的浓厚氛围。

与此同时，陆河县坚持打环境牌、吃生态饭，在绿色高质量发展中找出路。多措并举厚植绿美底色，以绿美生态建设为牵引，不断完善植绿扩绿护绿体制机制。通过深化镇村绿化“一三三”工作法和“以绿养绿”模式，2024 年以来，陆河县在“四旁五边”新植乔木 14.4 万棵，完成林分林相优化提升 2.56 万亩，打造了绿美碧带、绿美公路约 40 公里。此外，陆河县还发动了绿美捐资 2187 万元，创新开展了清明“树苗换火苗”活动，实现了连续三年零山火的佳绩。

人居环境整治，撬动区域大变化

陆河县把农房风貌品质提升作为实施“百千万工程”、促进城乡精神文明建设融合发展的“小切口”，聚焦“眼睛亮、筋骨壮、腰包鼓、脑袋富”总体目标，大力实施农房风貌品质提升行动，撬动农村人居环境“大变化”。超九成行政村达到美丽宜居村标准，建成国家级和省级文明村 7 个、4A 级景区村庄 1 个、3A 级景区村庄 2 个，圩镇承载力显著提升。

陆河县以农房风貌提升为突破口，让乡村更加宜居宜游。一方面，陆河强化“两个引领”，即以党建和示范为引领，通过党建动员与示范试点，打破被动局面，促进干群合力，美化农房 9000 多栋，并推广经验。其次，陆河实施“三个实招”，加强源头、过程与末端管理，利用宅基地制度改革试点，制定村规民约，严格审批流程，累计审批宅基地 1491 宗，同时加强监管执法，近三年制止违建 321 宗。另一方面，陆河通过多方筹资解难题，通过“三个一点”策略，即鼓励群众自筹、发动乡亲帮扶与政府统筹补贴，结合陆河资源优势与“千企帮千镇、万企兴万村”行动，促成企业结对认

2024 年梅花文化旅游节

捐，并制定差异化奖补政策，对困难群体实行全额兜底。

在提升人居环境方面，陆河县深入实施了“明珠一号”攻坚行动，突出抓好农村生活垃圾和污水处理。陆河以优化人居环境为核心，从生活垃圾处理细节入手，创新推行“摇铃收集”机制。该机制旨在解决传统垃圾桶模式引发的分类不当、异味及污水等问题，构建高效垃圾分类处理体系，推动垃圾桶有序撤出，实现垃圾不落地，进一步巩固“国家卫生县”与“全国清洁行动先进县”荣誉。陆河设计了 25 条“摇铃收集”路线，采购专用车辆，并定于每日早晚七点钟通过音乐提示居民投放垃圾，培养定时定点投放习惯。为改变居民习惯，陆河深入开展“入户联心”，加强宣传引导，通过党员干部入户宣讲、主题活动等形式提升环保意识，同时实施积分制奖励，鼓励居民参与。对乱倾倒现象，采取多种措施进行监管与处罚，并通过媒体宣传正反面典型，营造共建美丽城乡氛围。此外，陆河县不断优化设施与服务，投建餐厨垃圾处理中心等设施，提供上门收运服务，并根据实际运行效果调整“摇铃收集”时间与路线。同时，配备垃圾分类督导员，逐步减少并撤除不必要的垃圾桶，增加烟头收集柱，最终实现“垃圾桶退出”行动，同时加强巡回清扫，确保垃圾日产日清，保持路面整洁。

激活美丽经济，点面结合内外兼修

改善农村人居环境是党中央的重大决策部署，也是乡村振兴战略的重点。近年来，陆河县围绕乡村振兴战略，持续推动乡村美化行动，全县90%以上行政村达到美丽宜居标准，绘就了美丽乡村画卷。

在具体实施中，陆河县采取了点面结合的策略。一是攻点促面，比如前文提及的“摇铃收集”解决农村环境“脏乱差”问题，落实保洁机制，擦亮荣誉名片。二是点面协调，以农房风貌管控为重点，做好村庄规划、建设、管理，助推村容村貌升级。三是抓点带面，打造5条乡村振兴示范带，覆盖全县8镇85村，建成多个美丽宜居村、精美特色村及景区村庄，吸引，引进华发、嘉华、洲际等一批总投资超20亿的乡村酒店落户。

陆河县针对农村工作三大问题——牵头者、执行者及资金来源，采取了有效策略，纵向贯通，深化党建引领，从上至下激活到村小组及群众。其次，通过工作法动员群众参与，推行“入户联心”“三三六”等工作法，发动群众、依靠群众，实现“干部干、群众看”向“干群一起干”转变。另外，陆河以向上争、债券谋、本级补、社会筹、坪山帮“五个一点”，结合“千企帮千镇、万企兴万村”行动，积极动员建筑业企业投身“百千万工程”，目前已完成13家企业结对帮扶工作，捐赠项目26个，资金达3242万元，助推农村高质量发展，有力推动乡村高质量发展。

同时，陆河县注重内外兼修，提升乡村颜值与内在价值。一方面，推动基础设施一体提质，如供水、污水处理、道路等，实现农村集中供水“三同五化”提升，道路“单改双”“白改黑”超70%。另一方面，通过塑形铸魂相结合。由表及里、形神兼备，推进移风易俗，弘扬善美文化，办好非遗巡游、“村超”等文体活动，让群众“富脑袋”，建成国家级文明村5个、省市级60个。此外，陆河通过经营模式创新，带旺乡村旅游，树立经营理念，做好“和美乡村+”文章，探索六种乡村建设经营模式，以改革盘活沉睡资源，村庄变景区、农房变客房、村民变股东，带旺乡村旅游，依托特色农产品，成功举办了梅花、油柑、蜜蜂等主题农文旅活动近100场。2024年上半年，该县接待旅游294.77万人次，同比增长46.74%。农文旅融合激活了美丽经济，为陆河“百千万工程”提供持久的新动力。

接下来，陆河县将围绕汕尾粤东融湾“桥头堡”的新定位，以更深层次、更高水平推进“百千万工程”。一是推动产业高质量发展。加快洲际、螺洞华发精品民宿酒店等建设进度，打造“双区”休闲旅游后花园、康养地。推动新能源、新材料等优势产业以及青梅、油柑、茶叶等优势产品扩大销售渠道、增加市场份额。二是推动城乡发展深度融合。加强县镇村规划建设，统筹县城生产、生活、生态、安全需要，持续优化县域空间布局，推进以县城为重要载体的新型城镇化建设。三是确保社会发展稳定有序。千方百计稳就业，抓紧抓实教育、医疗、养老托幼、社会保障等民生事业，以打造“最平安稳定的地区”为目标，构建完善社会治理体系，全力守护社会稳定大局。

信宜：
聚力“百千万工程”，建设现代活力之城

聚焦实施“百千万工程”，粤西信宜城乡经济提质增效，活力之城魅力绽放！

2024年6月，信宜市“百千万工程”指挥部印发《2024年全面推进“百千万工程”促进城乡区域协调发展工作要点》，从广袤县域和广大乡村的建设空间、资源空间、市场空间、承载力空间中挖潜力、激活力，塑造新优势、培育新增长点，扎实推进以县城为重要载体的新型城镇化试点工作。

2023年11月6日，广东全省推进“百县千镇万村高质量发展工程”促进城乡区域协调发展现场会在茂名召开。会上公布省“百千万工程”首批22个典型县（市、区）、110个典型镇、1062个典型村（社区）名单。其中，茂名信宜市入选省“百千万工程”首批典型县。

“可借鉴、可复制、可推广，具备示范性、引领性、带动性”，这是省指挥部办公室、省发展改革委、住房和城乡建设厅、农业农村厅等有关部门评选的原则。

以产兴城提升产业吸附力品牌美誉度

2024年9月9日，广东集信国控检测认证技术服务中心股份有限公司（以下简称“集信国控”）上市活动在香港举行，成为信宜市首家上市公司，同时亦是粤西首家上市

集信国控上市公司

的县属国有企业。

“目前公司在参与三华李等信宜地方特产的检测，积极拓展食品、环境、交通、消防等领域的检测服务。我们将在检测领域进一步深入配合‘百千万工程’，并且对广东省、信宜地区的发展有所贡献。”集信国控执行董事兼总经理赖峰介绍。

这是信宜市工业经济改善并积极助力“百千万工程”的突出案例。不仅如此，全市通过招引和发展符合绿色要求、传统产业现代转型的劳动密集型行业，加快培育新质生产力。2022 年 9 月以来，信宜工业园区共落地开工福尔电子、捷讯模具、佳都制衣、斗牛数码、金丰盛线束、广东供销（信宜）公共型农产品集散集配加工中心等项目，总投资 36.62 亿元。

信宜市依托自然资源禀赋优势，因地制宜打造优质农产品的同时，在“产业链”上下功夫。通过补链、延链，大力推动种植、加工、储运、营销、品牌全产业链发展，信宜市逐步提高“土特产”附加值。

2023年信宜市培育国家级重点农业龙头企业1家，新增农民专业合作社79家，新建高标准农田3.47万亩。三华李省级现代农业产业园已建成投产，怀乡鸡省级现代农业产业园建设已通过省中期评估考核。与阿里巴巴、碧乡等企业合作发展壮大农产品电子商务，持续优化“信字号”品控溯源体系建设，2023年“信字号”系列的三华李、甜柿、大芥菜销售量同比增长均超过50%。2024年，三华李种植面积稳定在32.8万亩，产量35.97万吨，较往年增长约9.6%，现价产值50.47亿元。信宜市已成功申报全省“互联网+”农产品出村进城工程试点县。

信宜市“百千万工程”指挥办负责人表示，为突出土特产优势，信宜市实施优质农产品及加工品创建行动，持续打造“信宜出品、信誉保障”的“信字号”优质农业品牌，通过建立“两标一码一单”品控溯源体系，增强信宜农产品辨识度，实现农产品来源可查、去向可追、责任可究。2024年“信”字号上升为茂名市的公用品牌。未来，信宜市将继续以“信”文化为引领，为全国各地消费者提供更安全、更优质的农产品，在推动县域高质量发展以及乡村振兴的征途上迈出坚实步伐。

第三产业提档升级。立足粤西桂东劳动力规模优势，信宜建成粤西首个省级县域人力资源服务产业园，与猎聘、九尾科技、淘宝教育等互联网头部企业合作搭建市场化劳务枢纽平台。2022年开园至今，产业园已入驻企业35家，累计实现营收21.18亿元，税收5454万元，服务就业人数超5万人次。

广东信宜人力资源服务产业园（省级）运营机构冯国灿介绍，园区抓住“人”这个县域振兴核心牵引链条，发挥本地职业教育和劳动就业人口资源优势，借助连接粤桂、通达大湾区的高速路网，主动对接粤西桂东规模庞大的劳动力市场，以“打造粤西桂东县域人力资源产业中心”为目标，以服务“百千万工程”、振兴实体经济、赋能“制

广东信宜人力资源服务产业园

造业当家”为重要任务，培育本土根植性强、财税贡献大、生态友好型的人力资源服务产业。2023 年 5 月，园区在省人社厅的大力支持下建成粤西桂东首个省级人力资源服务产业园，打造集技能培训、劳务输出、劳务外包、企业孵化、人才交流等于一体的人力资源生态产业链，助力提升信宜产业吸附力，实现以产聚人兴城。

串珠成链高质量打造农文交旅结合带

春赏花、夏品果，是“三华李第一镇”钱排镇一张亮丽的文旅名片，也是当地村民致富的法宝。

作为“三华李之乡”，信宜结合三华李特色产业，打造白石镇三华李度假区、钱排镇“中国李乡 · 山水双合”“李花谷”等文旅项目，实现农旅融合、景村共融，为当地经济发展和农民就业提供重要支撑。

近年来，信宜市坚持以文化为魂、山水为体、旅游为形的理念，充分整合云茂高速、包茂高速沿线自然资源和生态环境优势，突出成片打造、串珠成链，推动乡村旅游、休闲农业、农村电商、文化创意等新业态融合成长，着力推进生态产业化、产业生态化，让藏在深山里的绿水青山加速转化为金山银山，成为珠三角和粤西桂东等地游客“四天三夜”休闲消费的农文旅目的地。

串珠成链，高质量打造农文交旅结合带。沿云茂高速、包茂高速各出口，将马安万亩高山竹海、最美乡村山水双合、千年镇隆古城、热海温泉、北梭瀑布、中国牙雕艺术馆等15个农文旅景区串珠成链，打造吸引广佛中珠和粤西桂东游客四天三夜休闲消费的农文旅目的地。其中，云茂高速以山水双合、马安竹海、李花谷为支点，将三华李度假区、窦州古城温泉连碧道、西江温泉、林砺儒故居串联起来。如三华李度假区依托“最美绿色高速”云茂高速的白石停车区，采用“高速服务区景区化”的全新概念，按4A景区标准打造集综合服务、文化展示、休闲游乐、自然科普于一体的三华李产业科普展示中心和全国高速服务区转型示范地。2024年2月，云茂高速遇见李主题停车区入选省文化和旅游厅评选的广东省“交旅融合发展”十佳案例。包茂高速农文旅结合带则包括与文旅企业共同投资超过5亿元的黄华江虎跳峡项目，以及往东串联包茂、云茂高速的秋风根梯田及露营项目等，以湛茂沿海都市圈为目标游客，努力将信宜中北部地区也激活起来。

政企联动，1:1配比投资撬动社会资本市场化运作。积极推动乡村振兴全面引入市场化造血机制，在粤西首创“政府投基础设施 + 企业投运营资产”模式，通过政府资金尤其是专项债投入撬动社会资本投资，用市场之手推动产业自我造血。如李花谷—双合村农文旅产业结合带项目由政府、钧明集团及南越文旅按比例投资合作开发，采用EPC+O建设模式，采取与后续运营深度捆绑开发模式，通过绑定企业投资实现注入市场化能力。

中国李乡 · 山水双合

植根本土，深入挖掘活用本地特色文化资源。深入挖掘乡村文化内涵，找准乡村振兴“文化纽带”和“经济纽带”的融合点，对田园风光、红色文化、乡村文化、特色风俗等具有开发基础和潜力的资源进行梳理整合，找到文化供给和市场需求的切入口，挖掘特色经济价值。如窦州里文化创意街以窦州城岭南+南洋建筑特色风格为主题，提取窦州古城的建筑元素，融合镇隆六双花灯的传统文化，打造蕴含窦州文化的商业建筑与花灯主题酒店，让厚重的历史文脉和现代的城市风貌交相辉映，成为信宜首个传承弘扬地方特色文化的体验地，2023 年 7 月底集中开业至今客流量超 400 万人次，营业额超 7000 万元。

创新模式，积极探索景村共建、景民共享。依托交通带来的便利和人流物流，积极推动景区与村集体进行收益分红，做到红利共创、收益共享。如“山水双合”项目已就停车场收益与村集体签订协议，按 50% 收益分成；三华李度假区已与细寨村集体就景区门票分成方案达成一致，每卖出一张门票村集体分成 3 元；马安竹海每年景区的门票、停车费、民宿租金等收入将按约定的比例返还给村集体。与此同时，积极推动景区盘活闲置资源、带动就业，如钧明集团在双合村租赁民房，用作办公室并开办图书馆、民宿等，还计划继续租赁更多闲置民房进行商业开发。此外，引导当地居民自营商业，优先聘请当地居民用工，如保洁员、酒店服务员等众多岗位均为当地居民。通过持续探索联农带农机制，打通交通－农业－文化－旅游融合的合作链条，形成企业和农村在产业链优势互补、分工合作的格局，有效带动农户参与产业、分享收益、增收致富。2024 年春节期间，信宜市旅游总接待人数 110.87 万人次，旅游总收入 6.65 亿元，与去年同期分别增长 51.67% 和 51.48%。

依托“双百行动”全面提升民生优质服务

宽敞明亮的教室，现代化的教学设备，个性化选修课程……从动工到建成开学只用了半年的时间的华南师范大学砺儒高级中学让人耳目一新。在全省部署推进“百校联百县”的背景下，信宜高标准推进与华南师范大学、广东外语外贸大学合作办学，引进先进的办学理念、办学经验、管理办法等，带动城区教育资源优质化、均衡化发展。

为深入推进“双百行动”，进一步落实校地合作，为区域基础教育高质量发展注入新动能，2024 年 5 月，华南师范大学文学院与华南师范大学砺儒高级中学、信宜中学在茂名市信宜市举行研究生联合培养基地、师生党支部共建签约仪式。此次签约授牌仪式的举行不仅夯实了校地结对共建基础，也进一步推动“双百行动”走深走实走细，为促进区域基础教育协调发展贡献力量。下一步，学校将进一步加深、拓宽合作，为进一步推动区域基础教育发展作出贡献。

信宜以“双百行动”为依托撬动优质医疗教育资源。落实省委“县城要办好高中、做强医院”的要求，紧紧抓住教育和医疗这两个核心，依托“双百行动”全面提升民

华南师范大学附属信宜学校小学部

生优质服务承载力。

在教育方面，信宜市投入 12.3 亿元在玉都新区核心地段建设华南师范大学砺儒高级中学、华南师范大学附属信宜学校、广东外语外贸大学附属信宜学校。今年，信宜全面完成这 3 所学校及周边配套设施建设，新增优质学位 11400 个。

在医疗方面，信宜市深化紧密型县域医共体内部运行机制，建立以健康为中心、防治结合的县镇村三级整合型医疗卫生服务新体系。与中山大学共建中山大学附属第六医院粤西医院 / 信宜市人民医院，信宜市人民医院与中山六院共同就学科建设、人才培养、信息化建设、双向转诊等方面开展深度合作，着力提高医疗卫生服务水平，力争大病重病救治能力、四级手术能力、整体管理服务质量达到粤西地区领先水平。仅一年时间，该院四级手术量增幅超 69.8%，胃肠肿瘤手术量增长率达 239.96%，基本实现大病不出县。在国家卫健委2024年1月发布的三级医院年度国考评价中，粤西医院排名提升了480名，指标等级从B前进到B++，进入全国前30%。

办好高质量教育、打造区域特色医疗中心，信宜市产业吸附力、民生承载力不断增强，现代活力之城雏形初现。

全力推动农业现代化和美丽乡村建设

干净规整的农家小院、修旧如旧的村落遗址、创新发展的加工企业、绿色环保的发电项目……近年来，在信宜大地，一幅幅宜居宜业的美丽乡村画卷映入眼帘。

信宜的城镇化率只有42.6%，远低于全国水平65.2%，要实现县城强、带镇村、县域兴，信宜因地制宜多措并举，全力推动农业现代化和美丽乡村建设。

推进县城规划先行。信宜市强化规划引领，2022年10月编制出台了粤西首个县域城市设计《信宜市玉都新区城市设计》，定位打造一个集综合交通、商业办公、文化娱乐、生态休闲、教育医疗、产城融合于一体的生态发展区现代活力之城、新型绿色发展示范性城市，在县域城市规划设计上走在粤东西北前列。

完善城乡融合发展体制机制。落实好、宣传好迁出户籍农民保留承包地权益、资产经营权益、乡村经济合作组织股份权益的政策机制，最大程度打消农村户籍人口迁出的利益顾虑。推进农村土地规范化规模化流转、农房出租改造再利用，推动农业生产托管服务，鼓励农民自愿整合土地。优化完善县镇村产权流转交易平台，进一步规范农村资源、产权交易。抓好农村公路提档升级、生活污水处理、垃圾回收处理这三件实事难事，推进城乡供水一体化运营工程，推动基础设施通村入户便民利民。

全面增强县城综合承载能力。以更优质的就业机会、公共服务、教育环境、人居品质、医疗条件，拉动镇村人口向县城聚集，实现以产聚人兴城、以城留人促产。在保障更多农村人口就地城市化的同时，推动乡村土地规范流转和聚集，推进现代农业规模化、文旅业品质化、一二三产业融合发展，以产业兴旺带动乡村振兴、促进农民增收。

马安竹海

推进县城基础设施向乡村延伸。推进建设国家县域商业行动示范县，建成 7 个镇级供销商贸中心。推进农村电网改造升级，农村电网供电可靠率达 99.95%，城区及乡镇的中心区域实现 5G 信号连续覆盖，全市 4G 信号实现深度覆盖。农村生活垃圾收运实行市场化运作，从自然村、镇区的生活垃圾收集点收集转运至信宜市绿能环保发电项目进行无害化处理。通过城乡一体供水项目由城区自来水厂向水口、镇隆、池洞、丁堡、北界等市区周边镇，以及坡岭、十腰、六梢等市区城郊乡村扩网延伸。

推进县城公共服务向乡村覆盖。制定实施《信宜市优化调整紧密型县域医疗卫生共同体建设实施方案（试行）》，搭建由中山六院粤西医院 / 信宜市人民医院和多家医疗机构构成的医共体，医共体内设 14 个内部机构，推动人员、资源、管理、技术下沉，力促医共体内部实现同质化，提高基层服务水平。实施《信宜市义务教育学校校长教师交流轮转实施办法》，建立县镇村三级教师常态化交流轮转机制，2023 年我市双向交流轮转教师共 318 人，其中市镇交流教师共 258 人，镇村交流教师共 60 人。

新兴：
奋进“百千万” 逐新而兴

随着广东全面推进“百千万工程”的战鼓擂响，云浮市新兴县闻令而动，从总体谋划，到具体施工图、任务表的落定，多管齐下，下足硬功夫，取得了显著成果。

数据显示，2023年，新兴县实现GDP317.59亿元，同比增长2.1%。继续入选全国县域经济综合竞争力400强，县域经济发展潜力、经济综合发展力在全省各县（市）中分别位列第7位、第11位。2024年上半年，全县实现规模以上工业产值93.8亿元，完成固定投资总额56亿元……由此可见，新兴县不断巩固“进”的态势，产业发展“加速度”也更加迅猛。

新兴县于2023年入选广东省“百千万工程”首批创先类典型县，并在2023年度广东省实施“百县千镇万村高质量发展工程”考核评价中获得创先类典型县良好等次。

如今，新兴全县上下坚决扛起“百千万工程”创先类典型县的使命担当，进一步紧起来、动起来、干起来，以“头号力度”推进“头号工程”，奋力开创城乡区域协调发展新局面。

聚焦产业发展，做厚做实县域“家底”

新兴县以推动“百县千镇万村高质量发展工程”为契机，立足资源禀赋和发展基

省实验室云浮分中心

础，聚焦“强一产、优二产、活三产”的发展思路，全面推进多要素发力、多产业融合，不断完善一二三产业布局，推动各项产业齐头并进，经济发展提质增效。

聚焦产业发展，新兴县坚决做厚做实县域“家底”。大力实施园区产值倍增计划和主导产业提升行动，相继引进了奥通玻璃、合泰生物科技、华郎智汇科技等一批重大项目，2024 年上半年园区实现工业产值 69.88 亿元。大力发展预制菜、排米粉、淡水鱼、丝苗米、凉果、茶叶等特色农产品精深加工业，全县累计建成省级“菜篮子”生产基地 4 个、粤港澳大湾区“菜篮子”生产基地 22 个、“粤字号”农业品牌 21 个。聚焦培育战略性产业集群，加快新成工业园区“一区多园”和全域旅游示范区建设，培育现代农业、金属智造、文旅产业、排米粉、预制菜、凉果“六大百亿产业集群”。加快发展村级集体经济，确保“政银企村户”家庭农场项目早日落地见效。

培育壮大以金属智造、先进装备制造、生物科技、有机食品为主导的工业产业，集中发展以不锈钢餐厨具、铝型材等为代表的金属智造业，促使新兴成为全国最大的县级高端不锈钢制品制造基地和出口基地、中国不锈钢餐厨具之乡。通过深化"一园多区"和"省级高新技术产业开发区"建设，以省实验室云浮分中心、国家工程中心、国家工业设计中心等科技平台持续赋能"百千万工程"，县内新兴产业实现能级量级"双提升"，2023 年有 20 家企业被认定为国家科技型中小企业，累计有 111 家企业被认定为国家科技型中小企业。加快构建以文化旅游产业为代表的全域旅游业，着力写好"旅游 +""文化 +"产业融合发展文章，2024 年新增省级旅游度假区 1 个，共有国家 4A 级景区 3 个、国家 3A 级景区 5 个，是广东省全域旅游示范区，连续 5 年入选全国县域旅游综合实力百强县。在"2023 年全国县域旅游综合实力百强县"位居第 71 位，是全省唯一上榜的县。

聚焦人居环境，绘就宜居宜业宜游美丽新画卷

聚焦人居环境建设，新兴县着力绘就宜居宜业宜游的美丽新兴新画卷。成功入选广东省首批新型城镇化试点名单，全域开展"三清三拆三整治"回头看工作，建成"四小园"近 3400 个，面积约 57 万平方米，全县共有美丽宜居行政村 173 条，特色精品村自然村 150 条。大力开展农村生活污水综合治理，建成镇级污水处理厂 13 座，村级生活污水治理率达 73.79%。截至 2024 年 8 月底，已完成"三沿"区域及其他重点地区、重要节点农房风貌提升 1094 栋，完成率 58.69%；高速公路出入口可视范围内存量农房品质提升已完成 33 栋，完成率 86.84%。全县存量农房风貌品质提升已完工 1740 栋。

新兴积极打造美丽圩镇"新兴样板"。深化美丽圩镇建设专项改革试点，全县 12 个镇全部达到宜居圩镇标准，新兴县天堂镇、太平镇成功创建成为全省美丽圩镇示范样板。开展农房风貌管控提升和农村人居环境整治提升行动，完成 12 个乡镇的农房风貌摸底排查，制定了农房风貌提升行动实施方案、"以奖代补"工作细则以及风貌指引，

美丽新兴

完成农房风貌设计通用图集编制。

打好农村生活污水治理攻坚战，新兴持续加大农村生活污水治理力度，推行“整县托管”的运维模式，委托专业的工程技术团队对全县镇村两级生活污水处理设施项目进行统一托管运营，解决农村污水处理设施“有人建、无人管、管不好”难题。

推进城乡垃圾处理一体化建设，推行农村生活垃圾市场化收运处置制度，持续打造新城镇、天堂镇、簕竹镇三个生活垃圾分类示范片区，建成县建筑渣土消纳场、县生活垃圾分类处置中心并投入运营，推进循环经济环保项目建设，有效解决城乡生活垃圾无害化处理问题。

注重绿美融合，全力绘就"一城山水满地绿"

在新兴大地，公园、广场等城市"绿洲"棋布星陈，满眼的绿意让人心旷神怡，充满生机与希望。近年来，新兴县以绿美广东生态建设为中心，全力推动"党建红"与"生态绿"深度融合，全面擦亮"全国'两山'发展百强县"绿富美底色。

不久前，新兴县委书记、县第一林长陈哲江，县长、县林长赖鉴铭签发了 2024 年第 2 号林长令——《关于加快推进绿美新兴生态建设的令》，要求全县各级林长、各镇各部门围绕落实省委"1310"具体部署和省委十三届四次全会部署要求、市委"365"竞标争先体系，推动绿美新兴生态建设取得新成效，打造人与自然和谐共生的绿美新兴样板，全力以赴交出云浮建市 30 周年历史大考的新兴答卷，以优异成绩迎接新中国成立 75 周年。

当前，新兴全县上下正齐心协力，加力提速推进"百千万工程"。新兴 2 号林长令要求，深入推进乡村绿化美化。镇、村林长要充分发挥示范带动作用，持续开展县镇村绿化攻坚，要因地制宜，结合乡村地理位置、自然禀赋、生态环境状况、景观需求、产业发展需求等情况，科学规划，注重"绿"和"美"的有机融合。新兴县还要求各镇村建立全面的网格化常态管护机制，将管护责任落实到人、将管护措施细化到树，乡村绿化专家技术团队要下沉一线，及时为各镇提供技术指导和服务，确保栽植一株、成活一株，造林一片、成活一片，切实提高乡村绿化工作成效。

此外，新兴县突出抓好干线公路绿化品质提升，积极创建绿美公路，对高速公路、普通国省道两侧 1 公里范围内的林地进行森林品质提升，对公路用地红线内的绿化带、隔离带、出入口、互通立交、站场等地段进行绿化品质提升，全面提升新兴干线公路沿线绿美水平，营造优美的绿化景观节点。通过统筹推进森林步道、绿道、碧道、古驿道建设，加速林网、水网、路网"三网"融合，进而建设互联互通绿美生态网络。

在绿美新兴生态建设中，新兴各级人大代表充分发挥党委政府与人民群众的桥梁纽带作用，准确把握"百千万工程"的战略方向，牢牢抓住绿美新兴生态建设这一战

新兴百合山生态公园

略举措，将助推绿美新兴生态建设与“百千万工程”结合起来，以实施绿美新兴生态建设“六大行动”和乡村绿化行动为契机，突出“绿”的底色。并通过积极参与人居环境品质提升行动、典型村建设、绿美生态建设，率先示范开展系列履职活动，助推生态优先、绿色发展理念融入现代化建设全过程，努力创造物质更富足、精神更富有、环境更优美的高品质生活，全力打造“一城山水满地绿”的绿美新兴。

强化改革赋能，持续激发全域活力

奋进“百千万工程”，新兴全力以赴，凝聚合力谋发展。积极拓宽社会力量参与“百千万工程”的方式和途径，广泛汇聚和整合社会资源，营造了共建共治共享新格局。深入实施驻镇帮扶“十百千万”专项行动、“千企帮千镇、万企兴万村”行动、“双

新兴县天堂镇朱所村

百行动”、“三乡行动”。

截至2024年7月，通过驻镇帮扶“十百千万”专项行动，12个镇共有27个带动100户以上的农户产业，联农带农7474户，实现年户均增收15886.33元；共培育建成乡村振兴车间21家，吸纳农村劳动力3469人，人均增收21327.67元；全县驻镇工作队推动268家企业与154个村（居）开展结对共建，投入资金共5201.96万元；以自然村为单位，组建互助工作队1043支，吸纳队员15480余人，带动群众改造、提升“四小园”3000多个，引导超过11万名群众参与爱绿植绿护绿兴绿活动。

在此基础上，新兴县强化改革赋能，持续激发全域活力。持续推进放权赋能强镇，下放第四批县级行政管理权限11项，赋予各镇更多自主权；创新“土地融发展”模式探索撂荒地恢复机制，以簕竹镇为试点推行“田长制”，获评广东省田长制先行县综合评价奖；推行“政银企村（户）”共建模式，2023年底实现了全县199个村（社区）年集体经营性收入达到15万元以上的目标；推进“政银企村户”共建家庭农场项目建设，确保 2024 年 110 个试点自然村年经营性收入达到 10 万元以上目标。

加快全县创新驱动发展形成新局面，产业科技创新能力稳步提升，产业创新效益实现跨越，特色现代产业体系基本成形，力争成为具有全省影响力的产业科技创新中心。这是新兴县的愿景。

新兴提出将大力发展特色优势产业，推进经济社会发展全面绿色转型，加快推进城乡融合发展，并因地制宜发展新质生产力，集聚创新资源推动产业与科技互促互强，大力支持企业增资扩产、技术改造和设备升级，做好“土特产”文章。在此基础上，加快推进以县城为重要载体的新型城镇化建设，聚焦“产城人”高质量融合发展，加快发展壮大“六大百亿产业集群”，提升基础设施配套水平和社会公共服务质量，不断增强县城和圩镇的综合承载力、要素集聚力、辐射带动力。

阳春：
推动区域协调发展新突破

阳春市积极响应广东省委、省政府号召，将“百千万工程”作为推动城乡区域协调发展的重要抓手，通过科学规划、精准施策，全面推进县域经济壮大、乡镇功能强化和乡村产业振兴等各项工作。通过产业发展、生态融合、营商环境优化和基础设施建设等综合施策，阳春市在“百千万工程”的引领下，正逐步实现城乡区域协调发展，谱写高质量发展新篇章，为乡村振兴注入强劲动力。

产业引领：强县促镇带村见实效

在推进“百千万工程”的过程中，面对城乡区域协调发展的挑战，阳春市坚持以产业发展为引领，聚焦推动县域经济高质量发展，抢抓珠三角产业在省内有序梯度转移和珠海市香洲区对口帮扶协作的机遇，全面打响招商引资、项目建设的“大会战”，充分发挥强县促镇带村的作用。

2024 年 5 月，阳春市成功举办了由中国机械工业联合会和阳春市人民政府共同主办的工业母机产业高质量发展大会。大会期间，多项签约仪式顺利进行，阳春市人民政府分别与中国机械工业联合会、北京大有产兴科技集团有限公司等签署了合作协议。同时，固达机械制造项目、广东派勒智能科技项目、广东广和智能装备项目、台正智

阳春正全力打造百亿级“智造”产业，其中数控机床及配套产业项目是重点。图为晟泽机械金属有限公司生产线

能设备项目、机床配件供应中心项目等一批企业项目也现场签约，合计投资额约 6.6 亿元，预计年产值可达 11.9 亿元。

在阳春市晟泽机械金属有限公司，十几台大型机床正在纵横铣削，雕刻出高精度“工业母机”，每一台都价值数百万元。广东利工数控科技有限公司生产的数控精密钻孔机，具备自动更换钻头、胶套的功能，大大节约了人力成本。而阳春市春都科技有限公司自 2024 年 1 月份投产以来，通过采用智能化设备和精准高效的铸造工艺，月产量已达到 1000 吨，总产值达到 7000 万元，机床精度更是提升至 8 微米。

近年来，阳春市通过精准招商，成功引进了汉霸机电、广东铁骑重工、利工数控等数控机床龙头项目。目前，阳春市已落地数控机床及配套产业项目 35 个，包括精密机床、机床铸件、智能装备生产、模具生产及铸造等类别，总投资达39.1亿元。全部达产后，预计年产值将超过60亿元，阳春市正全力打造百亿级"智造"产业。

当前，阳春市坚持以实体经济为本、制造业当家，加快打造新型建材、装备制造、智能家电、中医制药、食品加工5个百亿级产业集群，同时加速进入新能源、新材料两个"新赛道"，着力打造"5+2"新型工业化产业体系，不断增强经济发展势能。2024年上半年，阳江阳春高新技术产业开发区规模以上企业工业增加值达10.19亿元，同比增长10%，实现了园区发展的稳中向好。

除了工业发展趋势向好外，阳春市还全力推进生态农业、生态旅游和生态康养"三大生态产业"的融合发展。通过"现代农业产业园建设+农业生产托管"的模式，打造春砂仁、阳春坚果、蚕桑、柠檬、丝苗米、鳜鱼种苗、生猪、果蔬八大精新特优产业，充分发挥产业联农带农作用，推动乡村产业振兴。

在阳春市春湾镇高村自由村，当地将130亩的连片古树林打造成1.3公里的古树林栈道，并投资1500万元建设了音乐小径、灯棚文化区、荷塘月色、许愿古树、音乐清吧、乡建工艺工坊园、文化长廊、望山民宿、乡村墙绘、观景平台等乡村旅游基础设施。同时，还打造了狗仔豆农文旅产业创意园、风车花海、钓鱼场、有机水稻示范田、草莓园、葡萄百香果园、果蔬园等，形成了农文商旅体融合的IP。这些产业的发展不仅带动了村民增收致富，还助力该村入围了"广东十大魅力古树乡村"和"广东省最美乡村"。

为服务保障产业发展，阳春市以"来了就是阳春人"的责任担当，全力落实好营商环境年的部署安排，让企业和项目留得住、发展得好。2024年，阳春市印发了《阳春市营商环境年实施方案》，实行"拿地即动工"，推行"一窗通办"服务，有力推进了综合窗口改革工作，打造了一流的营商环境。通过组建招商引资、融湾入圈、优化营商环境"三支突击队"，并成功举办阳春市·香洲区高质量发展联合招商推介会等招商活动，2024年以来签约项目已超过30个，计划总投资超过251.5亿元。

深度“融湾入圈”：善谋高质量发展空间

善谋者胜，远谋者兴。阳春市地处广东省西南部、漠阳江中上游，是粤港澳大湾区与北部湾城市群的黄金通道。2023年12月，阳春被纳入珠江口西岸都市圈。阳春深知，只有坚持推动交通、软环境、产业“融湾入圈”，才能抢抓机遇，为高质量发展拓展新空间。

2024年3月，省道539线阳春大道至广湛高铁阳春东站段新建工程传来了好消息，该工程已完成产值3.26亿元，项目总体产值完成率达57%，预计明年4月将全部完工。广湛高铁阳春段建成后，阳春将实现1小时高铁直达广州，更加紧密地融入粤港澳大湾区“一小时经济生活圈”。

“硬联通”是“融湾入圈”的必备先手动作。近年来，阳春市把交通基础设施建设作为“融湾入圈”的重要抓手，全力构建“机场 + 高铁 + 高速路网”的大交通格局。该市发布了《阳春市综合交通运输体系“十四五”规划》和《阳春市综合交通运输体系发展规划（2019—2035年）》，持续推进广湛高铁、阳信高速阳春段等重点项目建设，并配合做好阳江机场的前期工作，加快推动深南高速、郁阳高速阳春段的谋划建设。

如今，5条高速公路和2条铁路在阳春构成了四通八达的交通“快车道”，助力阳春跑出了深度融湾的“加速度”。此外，阳春还在“软环境”上持续发力，助推产业“融湾入圈”。

“通过组建招商引资工作、‘融湾入圈’工作、优化营商环境工作‘三支突击队’，我们努力打造与大湾区‘同标高’‘零距离’的营商环境。”阳春市有关负责人表示。2024年，阳春市大力实行招商引资“一把手工程”，抢抓珠三角产业在省内有序梯度转移和珠海香洲区对口帮扶协作的机遇，力争全年签约项目35个以上，投资总额达到220亿元以上。

“融湾入圈”的深化，也助推了阳春县域经济发展的新局面。2024年以来，阳春市会同香洲区举办了高质量发展联合招商推介会暨“百千万工程”帮扶工作成果展，

阳春以典型镇“以点带面”全面推进区域环境改善和提升。图为阳春春湾镇

集中签约项目 25 个，总投资达 215 亿元。同时，召开了营商环境年动员大会，推进“百企进阳春”考察活动，铁骑精密机械等 29 个项目加快建设，中医药产业园奠基动工。5 个百亿级产业集群持续发力，阳春新钢铁 120 万吨球团生产线等 26 个项目建成投产，汉霸智能装备等 57 个工业项目加快建设，阳春高新区马水片区建设成效显著。2023 年，新增高新技术企业 7 家，10 家企业获得省创新型中小企业评价，2 家企业获得省专精特新中小企业认定。

有“颜”有“质”：城乡人居环境持续改善

漫步在阳春春城的大街小巷，一座座绿意盎然的公园和街角游园随处可见，景观错落有致，树木青翠成荫，于点滴细微之处扮靓了城市的“颜值”。东湖生态公园作为典型，以其天蓝、地绿、水清的美景，成为市民身边的“诗和远方”。而在乡村，如春湾镇与岗美镇，通过推进“百千万工程”，不仅新建了公园与广场，还巧妙融入地方特色，使得圩镇与农村同样焕发魅力。

在此过程中，阳春市不断完善基础设施建设，加强绿美生态建设，让民生福祉触手可及。各地结合实际情况，打造各具特色的发展路径，形成了全域人居环境整治“各有其美、各展所长”的良好局面。岗美镇黄塘村便是其中一例，通过聘请卫生保洁员与设置专用垃圾桶，有效改善了村庄卫生状况，同时增加了就业岗位，提升了村民的卫生清洁意识。

针对农村污水处理难题，阳春市创新探索解决之道。春湾镇刘屋寨村花坪石自然村引入污水处理项目，实现污水生态循环处理，既节水又美化了村容村貌，成为农村污水综合治理的示范点。阳春市更是将农村生活污水处理与风电、光伏等项目联合打包，以发电收益反哺农村建设，预计到 2025 年，自然村生活污水治理率将达到 88%。

阳春市正全面推进“百千万工程”，号召市镇村三级共同努力，培育县域优势产业，提升城镇建设能级，做大做强农村集体经济，全面推进乡村振兴。通过合力奏响“协奏曲”、共绘“一张图”，阳春市正加快促进城乡区域协调发展，迈向更高水平。

徐闻：为产业升级注入新动能

位于中国大陆最南端的徐闻县，以其独特的地理位置和丰富的资源禀赋，成为推动广东与海南相向而行的重要节点。近年来，徐闻以“百千万工程”为引擎，围绕“大陆南极村、最美爱情角”的发展定位，加速推进特色镇建设，不断完善基础设施，塑造文旅品牌，深化乡村治理，并通过重大项目的推进，为产业升级注入新动能。

推进重大项目：产业升级添发展动能

产业发展离不开招商引资，只有惠企落到实处，才能实现重大项目推进有序有力。徐闻将产业发展、升级作为其“百千万工程”工作重点，紧抓重大项目，持续推进当地产业发展。

2024 年 3 月，徐闻举行了“与海南相向而行”重大项目集中开工暨集中签约活动，共有 8 个项目集中开工、16 个项目集中签约，总投资额达到 402.93 亿元。这些项目的落地实施，为徐闻县的产业发展注入了新的强劲动力。此外，徐闻县海安工业园区的荔枝湾通用码头正加速建设，预计 2024 年底完成海上主体工程。该码头于 2021 年获批为一类口岸，将成为粤港澳大湾区与海南自贸区的首选货运通道，服务于对外贸易及海南交通运力补充。码头竣工后将完善徐闻口岸基础设施，助推其融入海南自贸

徐闻县立足海港优势，不断加快综合交通项目建设和业务串联。图为徐闻海安新港

港战略，成为连接海南的重要战略枢纽。

徐闻依托其独特的地缘、自然资源和特色产业优势，精心布局“与海南相向而行”的产业发展战略。徐闻正不断推动与海南的深度融合，谋划起两地经济的协同发展。当前，徐闻正高标准建设广东对接服务海南自贸港的南门户城市，全力打造湛江与海南联动发展的先行区。

在交通基础设施建设方面，徐闻县通过协同南岸港航企业，推进“琼州海峡港航一体化”工作，实现两岸资源的优势互补。同时，主动优化基础设施建设，重新规划进港道路，拓宽进出港车道，增加应急车道，提升车辆通过能力。这些措施的实施，有效提升了港口的通航能力和服务水平。

在构建粤琼现代综合交通体系方面，徐闻县抢抓湛江建设全国性综合交通枢纽和海南自由贸易港建设的重大机遇，全力推动湛海高铁、徐闻通用机场、博赊港货运码头项目建设，加快构建"海陆空铁"四驱联动立体交通格局。湛海高铁预计年内动工，将实现内陆高铁网络和海南岛环岛高铁的紧密相连，加快海南与粤港澳大湾区联动发展，为海南的"百千万工程"注入强劲血液。

在推进重大项目的同时，徐闻还聚焦低空经济板块，开始在千米空域竞逐万亿蓝海。通过引进航空产业物流园建设企业，打造标准厂房推动无人机制造、培训以及低空载人飞行等板块发展，释放琼州海峡一体化发展的空中潜力。

在打造琼州海峡一体化高质量发展示范区徐闻片区的过程中，徐闻县坚持优势互补、错位发展，科学布局临港产业、装备运维、新能源、现代农业、医药健康、滨海文旅等板块。通过启动物流园项目、发展公路物流、应急物流、保税物流等领域，徐闻正借势打造琼州海峡北岸物流级"航母"，将徐闻港打造成连接粤港澳大湾区和海南自由贸易港的现代化水陆交通运输综合枢纽的重要物流设施。

同时，徐闻全力打造湛江与海南联动发展的先行区，积极推动徐海大道到海安港50平方公里的"新城"建设，以系统规划产业布局，将其打造成具备对接服务海南的平台，推动港产城融合发展。此外，徐闻县还依托国际企业（徐闻—海口）科技创新中心，搭建区域战略合作、资源有效共享、产业互促共建的发展平台，探索新质生产力发展路径。

在新能源与海洋经济方面，徐闻已布局45个新能源项目，总装机量近423万千瓦，风电项目尤为突出。同时，依托三面环海的天然优势，徐闻县正推进对虾、金鲳鱼等海洋渔业发展，启动海洋牧场综合体项目，全力打造中国大陆最南端的"海上粮仓"。

文旅品牌塑造：点亮南极村的浪漫与激情

徐闻县角尾乡以其独特的地理位置和丰富的旅游资源，正逐步成为全国知名的滨海旅游休闲度假基地。围绕"大陆南极村、最美爱情角"的发展定位，徐闻县高标准编制了多项规划，集中力量在角尾乡灯楼角片区打造一个标志性点位，有机串联多个

徐闻围绕“大陆南极村、最美爱情角”的发展定位，有机串联文旅资源，构成系列特色文旅产业。图为徐闻角尾乡

文旅资源，构建系列特色文旅产业链。

近期，伴随着“世界爱情角，相爱最南端”520 乡村振兴音乐会的成功举办，南极村迎来了新一轮的升级改造。各大社交媒体上关于南极村的讨论热度不断攀升，来自全国各地的游客纷至沓来，追逐心中的“诗和远方”。徐闻县通过强化景区服务能力和完善基础设施，多措并举提升旅游体验。目前，灯楼角片区基础设施整体提升工程已初见成效，包括道路拓宽、停车场建设及景区面积拓宽等。

同时，徐闻与湛江市旅控集团合资成立了南极村旅游开发平台公司，对灯楼角景区进行专业化的综合运营管理。2024 年 4 月，放坡村顺利创建为国家 3A 级旅游景区，为南极村的文旅品牌建设注入了新的活力。目前，多个重大项目正在紧锣密鼓地推进中，包括灯楼角红色遗址保护及周边环境整治提升项目、灯塔广场环境综合整治项目以及中国大陆南极主题邮局建设等。

徐闻还通过举办马拉松赛事、农产品展会等活动，全面擦亮“美丽徐闻”“健康徐闻”“温厚徐闻”的城市新名片。2023 年，全县旅游接待人次达到 168.04 万人次，增长 55%；实现旅游收入 17.88 亿元，增长 88%。这些数据的背后，是徐闻县文旅融合发展的强劲动力和产业融合的显著成效。

抓好乡村治理：持续推进岭南新乡村建设

走进角尾乡许家寮村，满眼的渔家风情和现代化基础设施让人印象深刻。近年来，许家寮村紧紧抓住“红色革命村庄”定位，通过人居环境综合整治和村庄景观化建设，获评为省“百千万工程”首批典型村。许家寮村的蝶变，是徐闻县在乡村建设上取得显著成效的一个缩影。

徐闻县坚持把现代化岭南新乡村建设作为实施“百千万工程”的重要抓手，制定了《徐闻县现代化岭南新乡村创建方案》，突出抓好乡村发展、乡村建设、乡村治理。在乡村建设方面，徐闻县坚持规划先行，邀请专业团队编制顶层策划方案，并高效完成首批典型村的规划编制工作。

为进一步提升乡村生态环境质量，徐闻大力开展乡村绿化工作，充分利用各类空间见缝插绿，超额完成年度植树计划。截至目前，徐闻全县已种植树木超过 18 万株，135 个行政村达到美丽宜居村标准。同时，徐闻还持续加强镇村交通、水利、电力、网络等基础设施建设，推动公共服务设施向乡村延伸，人居环境舒适度显著提升。

在乡村治理方面，徐闻坚持党建引领，充分整合资源力量，建立健全乡村矛盾纠纷调处化解机制，推广四级网格化治理、“阿 sir 咖啡”调解室等创新治理模式，形成多元共治、多方参与的乡村治理格局。通过举办道德讲堂、评选最美家庭等活动，引导农民崇德向善、勤俭节约、诚信守法，同时注重提升乡村自治能力，完善村民自治制度，激发乡村发展的内生动力。

产业融合：深耕“土特产”资源，推动乡村振兴

作为农业大县，徐闻县在农业产业方面也有着显著的优势。徐闻是中国冬季蔬菜龙头县，每年秋冬种蔬菜在 30 万亩以上，是当地农民增收致富的有效渠道。徐闻县注重抓好新品种和优良品种的开发引进及示范推广，通过蔬菜品种更新换代，大幅提高全县蔬菜的质量、档次和效益。徐闻秋冬种蔬菜主要销往华东、华北、华中及省内珠三角等城市，为农民增收提供了有力保障。

在深耕“土特产”资源方面，徐闻县坚持全产业链思维，深度挖掘菠萝、良姜等地方特色资源，构建现代农业产业体系。通过精深加工延长产业链，建设国家级、省级现代农业产业园，实现农产品价值提升。同时，强化品牌建设，制定品牌战略规划，搭建国际交易平台，拓展国内外市场，提升“徐闻菠萝”“徐闻良姜”等地标产品知名度。

“菠萝第一村”愚公楼村凭借菠萝产业脱颖而出，连续两年被评为全国“一村一品”示范村镇，产值超亿元。此外，角尾乡苞西村、迈陈镇北街村等 16 个村也被认定为广东省“一村一品、一镇一业”专业村。为进一步提升乡村产业发展水平，徐闻县积极引入外部资源和科技力量，与广州市南沙区建立了紧密的帮扶协作关系，援建了多个项目，并成功引进 70 多家企业投资，有效推动了徐闻县的乡村振兴和产业升级。

在新的历史起点上，徐闻正以更加开放的姿态、更加坚定的步伐，迈向滨海文旅与产业升级的新征程。相信在不久的将来，这个美丽的滨海小城将焕发出更加绚丽的光彩，成为广东乃至全国的一颗璀璨明珠。

连山小三江镇：培育壮大特色产业，写好联农带农惠农文章

清远市连山壮族瑶族自治县小三江镇，作为广东壮族聚居镇之一，有着深厚的农业基础和鲜明的少数民族特色。壮歌声声起，唱的是美满幸福的小康生活，亦是高质量发展的时代华章。近年来，小三江镇乘着广东省推进百县千镇万村高质量发展工程（以下简称“百千万工程”）的东风，一手抓产业，通过培育壮大特色产业，写好联农带农惠农的“文章”；一手抓基层治理，探索“一站式”矛盾纠纷化解的工作模式，着力提升基层治理效能，提升群众幸福感，走出了一条符合自身特色的高质量发展之路。

小三江镇位于连山壮族瑶族自治县南部，总面积280.74平方公里，下辖9个行政村，总人口2.01万人，壮族人口占85%以上。这里山多地少，资源禀赋独特，既有丰富的生态旅游资源和林业资源，又有悠久的黑山羊养殖传统。近年来，小三江镇与驻镇帮镇扶村工作队紧密合作，内联外引，整合资源，大力培育联农带农惠农企业，发展壮大特色经济，实现可持续发展。

党建赋能，推动乡村治理现代化

小三江镇聚焦连山县委农文旅体康融合高质量发展定位，高度重视“百千万工程”，通过党建引领，认真落实五级书记抓乡村振兴责任，形成“双书记”带动模式，充分

小三江镇资源禀赋优越，近年来，该镇充分利用生态特色推动康养文旅项目和山泉产业发展，推出特色精品旅游线路，打造周末经济。

发挥驻村第一书记和村党（总）支部书记的互补优势，推动乡村振兴。

小三江镇的村“两委”干部年轻有活力，学历较高，党组织战斗力强。在三联村，面对土地丢荒问题，驻村第一书记提出解决土地非粮化、增加土地价值的发展思路，推行“党支部 + 党员 + 企业 + 农户”工作模式，通过复耕复种和与省级农业龙头企业合作，提高土地价值，增强村民发展农业的积极性。

党支部和党员带头，人居环境整治和美丽乡村建设得到群众支持，为发展农文旅产业奠定基础。小三江镇以“三月三”壮族歌墟节为契机，成功举办 2024 年广东省“四季村晚”春季示范展示活动——连山“三月三”壮族歌墟节，邀请了 30 多家优质企业到小三江镇进行投资考察，深入挖掘壮族文化潜力，把“文化力量”转化为“发展能量”，节日当天引流约 2.5 万人次，创收 300 余万元。

此外，为实现文旅产业持续发展，小三江镇将进一步完善镇域公共服务配套设施，推动传统民俗文化项目传承、保护、创新和发展，利用生态特色推动康养文旅项目和山泉产业发展，推出特色精品旅游线路，打造周末经济。

近年来，小三江镇在基层治理方面取得了显著成效。该镇坚持把“为民服务解难题”作为贯穿基层社会治理创新工作的主线，强化党组织在基层社会治理中的“龙头”作用，积极探索和实践新时代“枫桥经验”，走出了一条具有地方特色的基层治理新路径。

走进小三江镇，你会看到：高清摄像头全天候监控着重点区域、重要路段和重点场所，为全镇社会治理提供了有力的技术支撑；综治中心内，“五室一厅”功能齐全，群众在这里可以享受到一站式服务，信访接待、人民调解、心理辅导、法律咨询等功能一应俱全，真正实现了“少跑一里路、只进一扇门、解决一揽事”。

为了进一步提升基层治理效能，小三江镇将辖区划分为 55 个网格，配备了 3 名专职网格员和 55 名兼职网格员，同时，还有“双百社工”、村长、辅警等信息员群体作为“触手”，共同织密了社会基层治理的“一张网”。这张网不仅覆盖了小三江镇的每一个角落，更将服务延伸到了群众的身边，真正打通了服务群众的“最后一米”。

在矛盾纠纷化解方面，小三江镇更是下足了功夫。他们依托“粤平安”综合网格服务管理平台，实现了矛盾纠纷的及时发现、及时上报、及时处理。2023 年，全镇网格员们共上报矛盾纠纷、安全隐患、社情民意等网格事件 3425 条，办结率高达 100%，其中成功调解的矛盾纠纷就有 22 件，真正做到了“小事不出村，大事不出镇，矛盾不上交”。

除了强化基层治理的“硬件”建设外，小三江镇还注重激活基层治理的“软件”活力。他们结合当地实际，试行“爱心超市”积分管理制，将乡村治理各项事务转化为量化指标，与村民利益紧密联结。这一举措不仅激发了村民参与家园建设的积极性，更有效地引导了群众积极参与到基层治理中来。

小三江镇作为广东壮族聚居镇之一，有深厚的农业基础和鲜明的少数民族特色，该镇深入挖掘壮族文化潜力，把“文化力量”转化为“发展能量”。图为嘉田锦绣专业合作社绣娘在刺绣

打造连山品牌，铺就富民兴村之路

金秋十月，沿234国道小三江镇路段的道路两旁，成片的大豆绿油油的，长势十分喜人。“这些黄豆可不简单，这是针对制作优质腐竹专门研发的品种，腐竹在市面上可是抢手货。”小三江镇党委书记蒋武强说起镇上的产业，满是自豪，笑称这小小的黄豆可是带动群众增收致富的“金疙瘩”。优质黄豆经过特殊工艺制作出来连山众创腐竹，在2023年度“粤字号”农业品牌目录中榜上有名，在全国范围内都是热销产品。

“九山半水半分田”的连山是国家重点生态功能区、广东首批省级生态县，其发展定位是“农文旅体康融合高质量发展”。小三江镇林地面积达37万亩，在发展的同时还担着守好生态屏障的重任。蒋武强介绍说，小三江镇高度重视“百千万工程”的落地落实，在驻镇帮镇扶村工作队的大力支持下，因地制宜、积极探索，形成一批强镇兴村富民的高质量发展经验。

其中，众创农贸发展有限公司（以下简称“众创”）便是其中之一。这家企业是由李之阳等几位90后集资创办。经过短短5年的发展，这家腐竹厂已经壮大为省级龙头企业，以日产腐竹一万斤撑起了小山村的千万产值。

谈起创业过程，李之阳表示，这是家人支持、政府扶持、贵人加持，还有团队共同努力的成果。

为了打造自己的品牌，李之阳团队在原料、加工技术、产品到销售渠道上都倾注了大量心血。连山众创与高校合作，培育若干大豆品种，将种子“芯片”紧抓在手；更依托连山优质生态环境，制定5D标准，生产具有连山地域特色的优质腐竹。“我们针对不同人群对营养的需求，做了不同产品的开发，通过从源头品质的把控生产出自带奶香味的腐竹。”李之阳坦言，众创腐竹厂已经发展成为国家高新技术企业，拥有10项生产专利。

近几年，连山的一系列农业利好政策，也为各企业发展提供了强大支撑力。在连山“一村一品”项目中，众创获得50万元资助。同时，连山全面推进乡村振兴加快农业农村现代化，推动黄豆等蔬菜的集约化管理模式，并积极组织各企业参加广州、深圳、海南等地的农产品博览会、推介会、洽谈会等，持续增加连山农产品品牌影响力。

多方努力下，腐竹成为小三江镇“一村一品”的重点发展项目，也是众创农贸发展有限公司“连府人家”品牌的“拳头产品”。作为农业加工产品，腐竹生产为连山农民提供了更多的就业机会和收入来源。“工厂聘请了70名腐竹工人，月薪可达7000元，效率高的员工甚至可以过万。”李之阳表示，目前以“龙头企业+农户”的模式种植经济作物大豆，带动了300多户农户增收致富。

众创的迅速崛起，正在为这片小山村、为连山的农业产业发展带来可喜的变化。

小三江镇因地制宜、积极探索，形成一批强镇兴村富民的高质量发展经验。图为小三江镇打造特色品牌连山众创腐竹

李之阳介绍，目前正在连山建设第三个工厂，把腐竹生产提高到出口标准，尽快开拓国际市场。国内市场方面，众创将在高州、汕头、云浮、湖北等地扩建 10 个厂，争取 5 年内把营业额增至 2 个亿，冲刺国家龙头企业。同时，他们还将尝试豆腐、豆干、豆浆粉甚至辣条等副产品的研发，不断扩大品类版图，为连山的农业产业发展探索更多可能性。

科技创新引领，打造智慧养殖新标杆

发展新质生产力是推动经济社会高质量发展的重要手段，也是深入实施“百千万工程”的重要抓手。小三江镇本着生态资源优渥这一优势，以因地制宜发展农业新质生产力破解制约地方发展难题。

连山丘陵起伏、峡谷众多，泉水中含有多种对黑山羊生长有益的微量元素，适宜的气候造就了丰富的野生植物资源，适合黑山羊采食。在连山一直有黑山羊养殖的传统，但因为缺乏养殖技术和专业管理，效益偏低，这一产业便慢慢没落了。

2022年以来，小三江镇省洞村的“羊”招牌，又立了起来。蒋武强介绍，小三江镇引导省洞村通过整合土地资源，引进广东领头羊智慧农业发展有限公司，邀请华南农业大学等科研团队加入，提供技术支撑，打造连山省洞黑山羊智慧养殖生态示范场项目，推动小三江镇黑山羊养殖逐步走上科学技术引领致富的新道路。

小三江镇推动“三块地”活化整合盘活省洞村闲置用地资源，开展黑山羊标准化生态养殖，并与广东省科学技术协会、华南农业大学共同建立“中国农村专业技术协会—广东连山山羊科技小院”。

按时吃饭，定量运动，偶尔发呆就是黑山羊的日常。跟着羊群里的“领头羊”，小羊们吃饱玩好，陆续回到羊圈中。在小三江镇省洞村黑山羊智慧养殖生态示范场，负责人尚帅打开监控介绍道：“我们的‘溜达羊’没有‘科技狠活’，但是养殖很有科技含量，每一只羊都有‘身份证’。”

这些身份证正是推动黑山羊从传统养殖向“数字化、规范化”智慧养殖转型的关键。在办公室内，尚帅打开电脑，每个大棚的实时监控画面，以及羊群概况、防疫信息等清晰明了。

连山黑山羊智慧养殖生态示范场项目总投资额约为800万元，是小三江镇首批乡村振兴的产业项目之一，并被列为广东省黑山羊养殖标准化试点项目。智慧养殖不仅提高了养殖效率，还显著提升了养殖效益。通过数据分析，养殖户可以精准掌握羊只的生长情况，及时调整饲养管理策略，降低养殖成本，提高产品质量。同时，智慧养殖还推动了相关产业的发展，如饲料加工、兽药销售等，形成了完整的产业链条。目前，该项目已建成标准化羊圈3座，存栏1000多只，年产值达500余万元，带动周边群众就近就业超1500人次，人均增收超3000元。

连山小三江镇省洞村黑山羊智慧养殖生态示范场项目，推动该黑山羊养殖逐步走上科学技术引领致富的新道路。

该项目是因地制宜发展农业新质生产力，实现联农带农惠农的成功实践。接下来，小三江镇将继续加强党建引领，提升镇域公共服务能力，提升乡村治理能力，同时做好人才库以及镇村资源库建设，加强产业“造血”功能，全方位激活乡村振兴新动能，实现强镇兴村富民目标。

新兴县检察院：高质效检察履职，护航“百千万工程”

当前，新兴县正齐心协力，加力提速推进“百千万工程”。作为国家法律监督机关，新兴县检察院紧紧围绕广东省、云浮市、新兴县决策部署，主动将检察履职融入和美乡村建设，以检察力量浇筑平安基石，守护民生福祉，为促进城乡区域协调发展、推动经济社会高质量发展注入法治动力。

以法治之笔绘和美乡村画卷

秋来稻谷香，农户秋收忙。2024 年秋，云浮市新兴县近 15 万亩晚造水稻陆续进入成熟期，呈现出一幅幅壮观的丰收画卷。

高标准农田建设是确保国家粮食安全的关键基础，是守护民生的头等大事。2024 年开春，新兴县检察院聚焦耕地资源保护，部署开展了“检察公益诉讼助力高标准农田建设专项工作”，督促相关职能部门依法履行职责，助力“粮田”变“良田”。

检察干警深入田间地头，通过实地走访、询问当地村民以及向行政机关调取已建成的高标准农田项目信息等方式，核实了辖区内部分高标准农田项目存在建后管护不到位、已建成的农田存在“非农化”“非粮化”等问题，影响粮食安全，社会公共利益持续受到侵害。针对存在问题，新兴县检察院组织相关职能部门和属地镇政府召开

2024 年 6 月 6 日，广东省新兴县人民检察院在县级重点文物保护单位大稳宗祠召开公开听证会。

听证会，共同商讨解决方案。在多方合力下，涉案高标准农田项目得到了有效整治，排灌渠、机耕路得以修复，永久基本农田保护标志得以完善更新，违法占用的高标准农田也被清理复耕。“案件办理还促进了‘镇、行政村、自然村、农户’管护责任体系建立，把管护责任具体落实到个人，确保高标准农田项目有效实施、高效运作。”“回头看”工作中，乡镇工作人员向检察干警这样介绍。

文物，承载着历史；乡村，维系着根脉。2024 年以来，新兴县检察院积极探索文物保护的新路径，以“望闻问切”的闭环工作法，推动文物和文化遗产保护工作提质增效，让文物和文化遗产在乡村振兴中焕发出新的活力。从摸清文物保护现状到深究文物保护难题，从共商文物保护方法到做实文物保护工作，检察干警用实际行动诠释着对文物和文化遗产的敬畏与保护。在有关部门和属地政府的重视和协作下，文物保护成果初现：辖区内的文物保护单位得到了一次“全面体检”，勘查出的50余项隐患获政府专项资金推动整改，建立了职能部门与属地政府、村（居）委、文物所有者、管理者的联动机制，实现常态、长效保护。

和美乡村建设，“和”是首位。近年来，新兴县检察院牢牢把握新时代“枫桥经验”的内涵，坚持把问题和矛盾化解在基层、化解在萌芽状态、化解在源头，以高质效检察履职助推基层社会治理现代化：扎实推动信访工作法治化，持续做实群众信访“件件有回复”两个100%，2024年以来共接受群众来信来访304人365次；主动融入“1+6+N”基层“一站式”矛盾纠纷调处工作体系建设，积极推进12309检察服务中心、派驻镇检察室与综治中心深度融合，推动24名检察干警入驻辖区网格，有力推动基层矛盾纠纷综合治理；与审判机关、司法行政机关建立行政争议实质性化解协同调处机制，推动行政争议由终端裁决向源头防控延伸，近三年合力化解行政争议案件92件，实现了案结事了人和。

以法治“力度”提民生“温度”

民生是人民幸福之基、社会和谐之本。2024年初，最高人民检察院下发《全国检察机关开展“检护民生”专项行动实施方案》，方案提出要重点加强民生司法保障，运用法治“力度”切实提升民生“温度”。

自“检护民生”专项行动开展以来，新兴县检察院紧盯民生领域事关人民群众切身利益、侵害人民合法权益、严重损害社会公益的突出问题，综合运用各项检察职能，协同各方切实解决人民群众急难愁盼问题，为弱势群体撑起一片法治蓝天。

支持起诉是法律赋予检察机关的一项重要职权，是检察机关帮助弱势群体维护合法权益的重要手段。近年来，新兴县检察院紧扣“支持”定位，坚持“必要”原则，对农民工、残疾人、老年人等诉讼能力受限的特定群体，依法支持起诉，切实维护合法权益。刘阿姨等24人是某清洁公司的清洁工，在合同履行过程中，该公司拖欠了刘

2024 年 8 月 15 日"全国生态日"当天，广东省新兴县人民检察院开展"全国生态日"普法宣传活动。

阿姨等人 3 个月的工资。在多次向清洁公司追讨无果后，刘阿姨等人到行政机关进行申诉。由于刘阿姨等人已达退休年龄，与用人单位形成的用工关系属于劳务关系，不符合有关部门受理条件。行政机关依托与检察机关签订的支持起诉协作机制，将该案线索移送至新兴县检察院。核实相关情况后，新兴县检察院及时启动支持起诉程序，为刘阿姨等人提供法律咨询、搜集并固定证据、厘清诉讼请求、协助申请法律援助律师等帮助，同时坚持将和解理念贯彻办案全过程，积极引导劳务双方进行和解，最终，清洁公司付清了所欠的 19 万余元工资，刘阿姨等人的"烦薪事"最终得到解决。近年来，新兴县检察院累计为未成年人、老年人、残疾人支持提起民事诉讼 39 件，帮助追回欠薪、抚养费等 21 万余元。

司法救助作为一项暖心工程，是检察机关落实“检护民生”的又一重要举措。近年来，为解决救助线索来源窄、救助节点滞后、救助形式单一等难题，新兴县检察院主动作为，从“坐等申请”转变为“自主摸排”，通过大数据法律监督模型精准甄别救助线索，实现了对因案受困群众的及时救助、全面救助。为尽快缓解被救助家庭的燃眉之急，该院还积极构建司法救助受理快、审查快、报批快的“三快”模式，针对行动不便、急需救助的重点案件当事人，通过专人负责、联动村委、上门救助等方式，开通特殊群体“绿色通道”，更好发挥司法救助“救急解困”功能。三年来，该院共办理司法救助案件25件，累计向37名生活困难案件当事人发放救助金107.75万元，案均救助金额4.31万元。

未成年人保护也是“检护民生”发力的重点。新兴县检察院坚持最有利于未成年人原则，持续擦亮“新星”未成年人工作品牌，坚持“四大检察”综合履职为主线，全面加强未成年人综合司法保护，以法治力量护佑未成年人健康成长。

“看着孩子们在学校老师的引导下有序穿过斑马线，开心、安全地踏上回家的路，我们安心多了。”在某乡镇学校附近经营小超市的梁阿姨向记者说起了身边的变化。2023年11月，新兴县检察院在对一起涉未成年人交通肇事案的事故现场进行复查时发现，事故所在的国道沿线的9所学校普遍存在未施划网状线、未设置减速带和注意儿童标志、部分交通标志破损等安全问题。对此，新兴县检察院向9所学校所在的乡镇政府制发检察建议，建议其联合相关职能部门对辖区学校周边的交通安全隐患进行全面排查整改，同时完善监督检查机制，切实消除安全隐患。收到检察建议后，相关部门迅速整改了学校周边交通标志、地面减速带及人行横道等设施，同时在上下学时段增派交通引导员，联合交警部门对校园周边交通秩序进行整治，消除主要出入口的视野盲区，极大保障了孩子们“上学路”的安全。

新兴县检察院还不断延伸未成年人法治服务触角，在全县21所中学（职校）设立驻校检察官工作室，精心挑选法律功底扎实、办案经验丰富的检察官（检察官助理）

2024 年儿童节前夕，新兴县检察院在县妇儿活动中心检察普法小园地给惠能幼儿园的孩子们讲授法治课。

担任学校法治副校长，组建“凤凰花开 • 新星”普法团队，通过每月到各学校轮值“坐班”、开展“订单式”普法宣传，不断做实做优未成年人法治教育工作。

以检察之力筑高质量发展基石

服务保障乡村产业发展，是检察机关助力推动“百千万工程”的重要方向与发力点。

要如何服务保障？新兴县检察院决定问计于企、问需于企，由院领导率队深入辖区龙头企业走访调研，充分听取企业意见建议，高效回应民营企业司法诉求，并与县工商联签订协作机制，借助工商联与企业架起沟通桥梁，为企业提供更加精准、优质的法治服务。

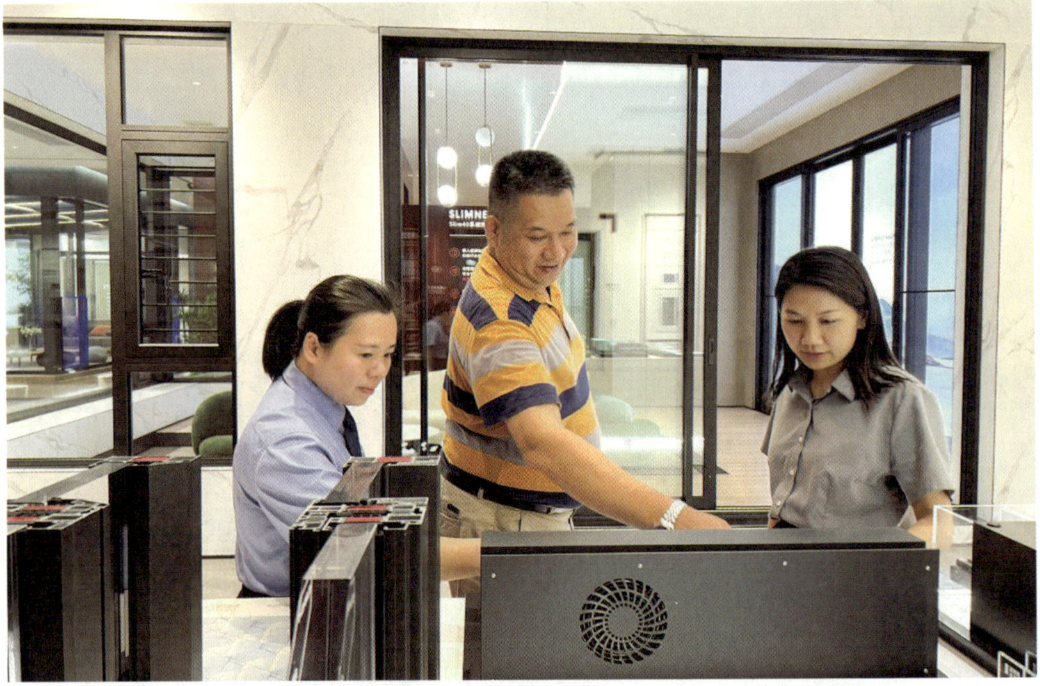

2024 年 4 月 26 日，广东省新兴县检察院干警主动走访辖区企业，向企业主要负责人介绍了“检察护企”专项行动的主要内容，听取企业法治需求。图 / 冯志良

“检察官给我们上了很充实、很有用的一节课，让我们获益匪浅。”检察官梳理企业的建议后发现，广大企业经营者对于“送法进企”的呼声十分大。为此，新兴县检察院联合县工商联组织了一次“检企同行，助力高质量发展”主题法治宣讲活动，为民营企业经营者量身定制了一节防范民企刑事法律风险的法治课，得到参加活动的企业代表一致好评。

创建和谐稳定的社会环境、公平正义的司法环境，对产业发展、企业经营同样重要。新兴县检察院坚持把维护国家安全、社会安定和人民安宁放在检察履职首位，以有力司法办案提升人民群众安全感：坚决从严办理暴力犯罪，起诉故意伤害、抢劫等犯罪性质极其恶劣、犯罪后果特别严重的恶性犯罪 33 人；深入推进扫黑除恶斗争常态化，起诉涉恶案件 9 件 22 人；对毒品犯罪“零容忍”，对涉毒犯罪提起公诉 74 人；依法打击电信网络新型犯罪，对“两卡”案件提起公诉 120 件 161 人……

此外，新兴县检察院坚持严厉打击“伤企”犯罪，对侵害企业合法权益犯罪提起公诉 18 件 27 人，对一起盗窃企业废铝三百多吨、案值达四百多万元的案件提起公诉，涉案主犯被判处 10 年以上有期徒刑，从犯均获判实刑。在打击犯罪的同时，该院努力帮助企业追赃挽损，通过对涉案人员的释法说理，成功促使其主动退赔企业 200 万元。

为提升法律监督质效，该院还主动向数字要检力，向改革要效能，2024 年以来落地应用法律监督模型 11 个、原创法律监督模型 6 个，应用模型筛查发现监督线索 790 条，成案 248 件，向相关部门制发检察建议 28 份，成功挽回各项损失 74.83 万元。数字检察的推进不仅提升了法律监督的精准性和时效性，也为新兴县检察院在高质量发展道路上提供了强有力的科技支撑。通过数据赋能，新兴县检察院能够更高效地履行法律监督职能，为地方经济社会高质量发展提供有力的司法保障。

“接下来，新兴县检察院将忠诚履行法律监督职责，精准对接‘百千万工程’对检察服务的司法需求，持续推出更多顺民意、暖民心、惠民生的检察举措，更加坚强有力为新兴县高质量发展贡献更多检察智慧和力量。”新兴县检察院党组书记、检察长表示。

凌丰集团：工业智造赋能"百千万工程"

一直以来，城乡区域发展不平衡是广东的基本省情。广东省头号工程——"百千万工程"着力破解这一长期存在的"老大难"问题。

广东是民营经济大省，民营经济是"百千万工程"建设的重要力量。创建于1993年的凌丰集团是一家主要以不锈钢系列餐厨具研发设计、生产制造、出口贸易和品牌营销为一体的民营企业。集团旗下有四家企业被评定为国家高新技术企业，两家企业获得广东省"专精特新"中小企业称号。近年来，凌丰集团积极承担社会责任，积极参与"百千万工程"，助力乡村振兴。

凌丰集团所在地新兴县是全国最大的不锈钢制品生产和出口基地，曾荣获"中国不锈钢餐厨具之乡"称号，被广东省认定为"广东省产业集群升级示范区"。作为当地的不锈钢餐厨具制造龙头企业，凌丰集团有效利用产业集群优势，带动县镇村的协调发展；积极培育新质生产力，以现代技术赋能传统产业转型升级；充分利用产业资源优势，以产业振兴为核心助力乡村振兴；履行社会责任，为经济社会发展贡献力量……

龙头引领，做强做优不锈钢产业集群

云浮市，广东最年轻的地级市，坚持"工业立市"不动摇，以实体经济为本，突

凌丰集团不锈钢锅具自动化生产线

出制造业当家，打造三个千亿级产业集群，其中之一为千亿金属智造产业集群，加强产业培育，强龙头、补链条、聚集群。新兴县是云浮市经济发展的排头兵，金属智造是其四大主导产业之一。该县不锈钢制品产业，经过 40 多年的发展，现已成为全国最大的高端不锈钢餐厨具生产和出口基地。

关于培育壮大千亿金属智造产业集群助推云浮经济高质量发展，凌丰集团执行董事邝乃强建议：扶持行业龙头企业增资扩产，引导企业加大研发投入、提高设计水平，鼓励出口导向型企业拓展内销市场；同时完善不锈钢制品产业链条，推动不锈钢制品由粗加工向精深加工产业链延伸。提升新兴县作为中国不锈钢餐厨具制品基地、广东省不锈钢制品产业集群升级示范区的引领地位，打造新兴县不锈钢制品、铝制品及其他金属制品产业集群。

作为全国不锈钢制品行业的龙头企业，凌丰集团拥有多家专业化餐厨具生产厂及多家上下游产业子公司，在香港、美国、德国及大陆设立了多家销售公司，产品远销欧美、中东、俄罗斯、日本等100多个国家和地区，是不锈钢餐厨具制造行业的领航企业和全球不锈钢餐厨用品的重要领先供应商。

位于新成工业园内的凌丰不锈钢餐厨具现代产业升级基地，是凌丰集团根据餐厨具制品行业发展的趋势以及国内外市场的需求，以一体化、自动化、信息化、智能化建设为目标方向，结合公司未来的发展战略和自身的特点优势投资兴建的现代化生产厂区。

走进凌丰不锈钢餐厨具现代产业升级基地，只见工业机器人挥动着机械臂，不锈钢制品的冲压、抛光、清洗、烘干等工序全由自动生产线完成，厂区一片忙碌；在基地展厅，美观又实用的不锈钢餐厨具琳琅满目、丰富多样，不少获得国内外权威设计大奖。

凌丰不锈钢餐厨具现代产业升级基地是集不锈钢餐厨具、铝制品生产、物流中心和研发中心一体化的现代产业升级基地。基地具有良好的规模化、柔性化生产优势和成本竞争优势，可以更好地为客户与消费者提供价廉物美、适销对路的产品与优质、快速的服务。基地采用自主研发的自动化生产线，实现工艺流程科学合理、生产设备先进、自动化程度高、柔性化生产强、信息化管理的产业升级。目前，共配置10条不锈钢和铝制品自动化生产线，装备机器人/机械手2000多台套。

邝乃强介绍，凌丰集团作为地方工业龙头企业，依托自身和地方的产业优势，探索“现代工业+”模式助力“百千万工程”，为行业转型升级起到示范效应，为新兴打造百亿产业集群起到引领推动作用。当前，凌丰外贸占比超过80%，在新兴县不锈钢餐厨具的外贸出口中，凌丰占比超一半。

科技创新，新质生产力构建发展新动能

近日，《全国县域旅游发展研究报告2024》发布。云浮市新兴县位居“2024年全

凌丰集团不锈钢餐厨具现代产业升级基地生产车间

国县域旅游综合实力百强县”第69位，是广东省唯一上榜的县。这也是新兴县连续六年入选该榜单。

作为创先类典型县，新兴县以推动“百千万工程”为契机，立足资源禀赋和发展基础，聚焦“强一产、优二产、活三产”的发展思路，全面推进多要素发力、多产业融合，不断完善一二三产业布局，推动各项产业齐头并进，经济发展提质增效。

凌丰集团依托产业优势，积极探索“现代工业+”凌丰模式，助力乡村产业发展，并通过旗下企业猎人谷开创“工业智造+旅游”新模式，推进农村一二三产业融合发展。

新兴县车岗镇猎人谷，便是产业融合的一个典范，远看像一座欧式城堡，近观是一个智能工厂。凌丰集团利用废弃的石矿场进行改造建设，在这里建成了“猎人谷五金精密件智能制造”项目，成为一个创新与自然融合的环保型、旅游型智能工厂，具有黄山景观、欧洲城堡、摩崖石刻、现代化精密件智能制造等特色，实现高技术精密件研发制造、产学研成果转移转化、工业企业观光旅游示范点三大效能。

作为工业产业的先锋代表，凌丰集团因地制宜发展新质生产力，助力产业和区域高质量发展，通过信息化、自动化、数字化等手段，重塑每道工序，通过技术改造，推动传统生产线智能化转型，让机器人来打铁。企业把“打铁匠”转变成机械“带班班长”，把部分的传统一线工人培养成为可以调试管理现代化自动设备的新型技术能手，实现硬件、软件的双升级。

凌丰集团品牌部负责人介绍，近年来，凌丰集团坚持创新驱动推动转型升级，率先在不锈钢制品行业探索“互联网 + 先进制造”模式，以科技创新和信息化技术赋能传统产业，为企业新一轮发展注入内生动力，让传统产业迸发新动能，进一步培育新的产业链，实现不锈钢餐厨具制品行业供给侧结构性改革的新突破。

乘着“百千万工程”的东风，凌丰集团紧抓前沿技术，持续推进智能化、数字化转型升级，加大关键核心技术攻关，不断提升企业效益和核心竞争力，大力推进智能制造产业发展，助力乡村振兴发展。

以科技创新为核心，凌丰集团将新技术、新业态和新模式与传统产业深度融合，自主研发设计的国内行业首条不锈钢锅具自动化生产线建成投产，将传统不锈钢餐厨具离散型生产方式整合为一体化、自动化、信息化、智能化的现代生产模式，实现了产品在线不落地、连续式自动化生产。在实现产能、效率、质量“三提升”的同时，也收到了制造成本、劳动强度、生产能耗“三降低”的良好效果。

在此基础上，公司全面推动工业自动化智能制造系统向更高水平优化升级，促进工厂装备技术的升级应用和生产工艺技术的创新突破，加大力度扎实推进具有凌丰特色的工业互联网（工业大脑）开展新一轮数字化转型升级行动，打造属于凌丰从“人脑逐级分散管控”到“工业大脑垂直集中管控”的工业互联网中控平台。用科技创新形成新质生产力，打造科技引领的复合竞争新优势，不断构建产业高质量发展新动能。

产业赋能“凌丰工业 +”模式助力乡村振兴

新时代以来，在乡村振兴的“万企兴万村”中，不少民营企业积极参与扛起责任担当。

猎人谷智能工厂不锈钢精密配件自动化生产线

凌丰集团全力支持乡村振兴战略实施，充分利用产业资源优势，以产业振兴为核心助力乡村振兴、“百千万工程”，首创“凌丰工业 +”乡村振兴模式在新兴县东成镇云敏村探索实践。以“不锈钢合作社 + 美丽乡村”产业融合模式建立不锈钢配件加工合作社，凌丰集团为合作社提供产业支持、技能培训和管理指导，将村集体、村民、贫困户联结在产业链上，为当地村民创造了在家门口就业的机会。

云敏村村主任彭正森说，过去云敏村经济发展缓慢，村民多选择外出打工。为了让村民就近就业，新兴县携手凌丰集团共建不锈钢配件加工合作社。合作社以增加村集体和村民收入、推动产业扶贫、实现富民兴村为目标，双方出资 300 万元共建一间不锈钢配件加工车间。

2021 年，合作社实现 800 万元产值，超额完成项目设计的年产值 600 万元的目标；

云敏村不锈钢配件加工合作社

村委收入 32 万元，工人年收入超 5 万元；项目在岗人员 80 多人，超额实现 70 人就业的目标，解决本地社员就业 40 多人。下一步，“凌丰工业 +”模式将打造成可复制推广的产业赋能乡村振兴的标杆项目。

在企业发展的同时，凌丰集团以实际行动投身支持慈善捐资、爱心助学、建桥修路、扶贫济困、乡村振兴等社会公益事业。为推动校企携手共同办好广东新兴第一所高校，促进家乡高等教育和特色教育发展，凌丰集团在广东云浮中医药职业学院设立“凌丰奖学金”，并深入开展校企产学研合作。为支持小学教育，凌丰集团持续二十多年对当地革命老区的一所小学 —— 三村小学进行帮扶，2023 年，凌丰集团在新兴县 7 所小学设立了凌丰奖学金，支持学校开展特色教育和素质教育，积极探索开展新时期的奖教奖学活动。

广州供电局：以“头号工程”力度服务“百千万工程”

2024年11月，广东省委办公厅、广东省人民政府办公厅印发《关于推进环南昆山—罗浮山县镇村高质量发展引领区建设的意见》（以下简称《意见》）。《意见》提出要深入实施“百县千镇万村高质量发展工程”，统筹环南昆山和罗浮山生态资源，推动经济发展、产业集聚、区域协调。

在位于环南昆山—罗浮山县镇村高质量发展引领区、广东省“百千万工程”典型村桃莲村，广东首个整村灵活构网型智能微电网——广州从化桃莲乡村末端微电网项目成功投产，标志着南方电网广东广州供电局乡村新型电力系统示范建设取得突破性进展。

项目建成后，大幅提升从化森林浴场新乡村示范带的供电可靠性和电压质量，提供了一套适用于清洁能源富集地、森林保护区的能源解决方案，为乡村建设绿色智能微电网提供先行示范。

超级“充电宝”，实现优质绿色供电

从化桃莲村，位于广州北部，距离广州中心城区90公里，这里山环水布，森林覆盖率达70%。延绵数十公里的10千伏线路经过大量原始森林保护区和高山悬崖，电力

桃莲末端微电网能主动参与大电网电压、频率的调节，有效解决了新能源消纳难及分布式能源冲击带来的电压质量不稳定问题。图 / 廖力

线路建设和维护的难度极高。同时，区域内水利资源丰富，聚集了 8 个小水电站，负荷波动较大，每到雨季线路故障多发，季节性的电压不均衡影响村民用电质量。

“光伏发电也增加了电网的不稳定因素，时常有邻近村民打 95598 投诉电器烧坏维修的情况。”广州从化温泉供电所运行维护班班员李泽坚在温泉镇工作的第 25 年，见证了这里的发展变化。跳闸次数多、抢修复电时间长、电压不稳定，过去，电力网架薄弱的桃莲村一度是李泽坚和工友们最为头疼的偏远区域。这一切随着桃莲末端微电网项目的投产彻底改变。

微电网是指局域的小型发配电系统，包含了发电、用电、储能、控制等环节。桃莲末端微电网项目在线路末端建设了 7 套储能设备，协调接入 8 个小水电站、64 个分布式光伏，构建了水、光、储一体的多能互补智能微电网集群。一旦发现故障，在数秒内可以将小水电、分布式光伏、储能等互济电源自动切换，相当于提供了一套灵活调配的超级“充电宝”，“双保障”提升桃莲村的电力稳定。同时，建成的微电网还能够主动参与大电网电压、频率的调节，提高电压质量，片区 1000 余户电网末端居民的供电质量得到明显改善，区域内新能源消纳能力显著提升。

广州从化供电局配电部副经理何悦介绍，因桃莲地区高比例新能源接入的特点，桃莲微电网项目综合应用了中低压构网型储能、低压柔直互联、精确型行波故障定位、复杂场景高可靠光纤通信等核心技术，让桃莲末端微电网有一个超级“大脑”，比普通微电网拥有更先进的控制技术和算法，响应速度更快，灵活性、智能化水平更高。

桃莲末端微电网项目整体覆盖桃莲、密石等 3 个行政村，受惠群众近 5000 人。数据显示，2023 年桃莲村居民年平均停电时间为 103.2 分钟，远高于从化地区整体居民年平均停电时间。项目建成后，智能电网将确保主供电源故障停电情况下微电网能持续供电 4—6 小时以上，桃莲村年均停电时间由 103.2 分钟降为 0 分钟，保障微网片区居民用户的优质绿色供电。

小小“微电网”，兜起山区“大民生”

这张智能微电网在提升供电可靠性的同时，也给桃莲村村民带来了实际收益。桃莲村毗邻南昆山，因环“两山”引领区的重大战略部署，迎来了发展机遇，作为从化森林浴场新乡村示范带的核心村，桃莲将重点规划农业旅游、文化康养、休闲旅居等产业，对供电服务提出更高的要求。

“这里路通、电稳，让我觉得留在桃莲创业、生活是个可行的选择。”曾在广州从事创意园开发工作的赵珊珊，带领团队寻找一年，最终落户桃莲开发农文旅项目，引入热带斑斓试验种植，将废弃的果园打造成网红营地、亲子牧场。作为第一批来到桃莲创业的外地人，珊珊见证了桃莲村翻天覆地的变化。

桃莲村党总支书记、村委会主任吴务滋表示，"现如今，村民可以在家从事农业、民俗、农家乐等，实现长期多元化的经济收入。"桃莲末端微电网项目成为一个因地制宜实现当地清洁能源与创新型储能系统协同互动的有效探索，越来越多的乡村群众享受到了电力给生产生活带来的可喜变化。

广州供电局有关部门介绍，后续还计划在桃莲建设光储充一体化智能超充电站、特色便民驿站、零碳配电房、电力科普小屋等，服务乡村特色森林旅游产业，让更多乡村群众享受到电力给生产生活带来的便利，让更多的创业者留在乡村、服务乡村。

广州供电局立足区域定位及资源禀赋，抓住环"两山"引领区建设重大机遇，建设乡村新型电力系统示范标准，推动乡村地区能源清洁化、低碳化，实现乡村绿色用能，为助力乡村振兴战略落地和新型电力系统建设提供实践样本。

可靠供电实现县域产业焕新升级

一袋袋大米只需倒进机器里，不一会儿就能装罐酿酒；一头头奶牛只需站上转盘，机器就能自动取奶；一辆辆电动汽车开进充电站，只需十分钟即可满电出行……当前，"电气化"正给广州从化的企业生产和居民生活带来新机遇、新变化。这一系列产业变革的背后，折射出从化不断提升的城乡供电服务均等化水平。这是城乡融合发展在电力领域改革的创新实践。

据南方电网广东广州供电局，2025年前，广州供电局计划打造不少于6个新时代电气化示范镇、100个电气化示范村。其中，莲麻村和鳌头镇就是这些村、镇示范点中的"明珠"。

广州供电局介绍，未来广州将依托上述电气化村、镇的示范效应，积极提供乡村新能源并网服务，开展乡村电能替代业务，加密乡村充电网络，推进电网建设与乡村风貌协调发展，一幅城乡区域协调发展的新图景正加快绘就。

投产前，工作人员对中压构网型储能装置及电力设备进行检查。图／廖力

作为广州市所辖最大的行政区，从化下辖三街五镇221条行政村，面积约为1984.1平方公里。因其优越的自然资源和生态环境，从化被誉为粤港澳大湾区的“米袋子、菜篮子、果盘子、奶瓶子”。2018年，广州地铁十四号线开通运营，从化正式进入“地铁时代”。路通财通，财通村旺。除了地铁的开通，从化蝶变的背后还离不开一条条“看不见的路”——日渐坚强的乡村电网正在把源源不断的动能嫁接给乡村的千行百业，为产业自动化“打头阵”。数据显示，2024年1月，湛江在“百千万工程”的推进中，通过县域经济发展和美丽乡村建设的双轮驱动，走出了一条具有地方特色的高质量发展之路。未来，湛江将继续加压奋进，不断创新，力求在“百千万工

程”中取得更加显著的成效，为广东乃至全国的乡村振兴和区域协调发展贡献更多的湛江智慧和湛江力量。2024年9月从化区累计全社会用电量30.24亿千瓦时，同比增长9.67%，增速位居全市第一。可靠的电力供应正在为从化县域产业焕新升级提供有力支撑。

电气化改造让米酒香飘四方

在吕田镇莲麻村山香酒坊2024年新投产的全电生产车间里，一袋袋清洗后的大米通过管道输送至蒸饭设备，在这里被蒸熟并降温，随后直接加入拌好酒曲的陶罐中封装发酵。在这套自动化生产线旁，一箱箱米酒被装上货车，等待运往珠三角中心城区。

据山香酒坊负责人白杰鹏介绍，现在他们已经把手工工艺转化为全电化生产，通过机械代替人力，极大地提升了米酒产量。“经过全电改造后的生产线，比起传统的人工柴火做法，产能从原来的一月3千斤提升至3万斤，产量整整提升了十倍。”白杰鹏说。

谈到自家酒坊的变迁，白杰鹏感慨不已：“以前我们还是手工作坊，我和媳妇俩人从早上6点一直忙活到晚上12点，也就蒸了一锅酒，半夜12点我俩还在那里吃着泡面。”受制于有限的能源供应，他们那时蒸酒还主要靠烧柴火，耗时长，费体力。“你看我一个女士都练出肌肉来了。”白杰鹏的妻子程彩文一边笑一边撸起袖子亮出结实的胳膊。

“以前手工酿酒时，由于受室外温度影响大，不同季节酿造的酒口感差异明显。现在产出的酒无论在口感上还是品质上都更加稳定，得到了老客户的认可。产品的品质需要产业化和标准化，这个一定要用电力来实现。”白杰鹏发现，全电化生产不仅可以提升产量，还可以通过标准化流程严格控制每个环节的温度，米酒的品质因此得到了显著提升。

山香酒坊所在的莲麻村是广州最北的行政村，由于地理位置偏远，经济来源单一，

广州从化供电局吕田供电所服务人员与山香酒坊负责人交流，了解用电需求。

莲麻村曾一度是出了名的“贫困村”。随着电力源源不断地注入，如今莲麻村内的酿酒厂已从最开始的四家增加到两百多家，酒业已然成为莲麻村的一大经济支柱。除了酿酒厂，莲麻村内还有流溪河北源头、千年古管官道、百年客家围屋、黄沙坑革命遗址纪念馆等自然人文景观，具备发展红色文化教育、休闲度假、乡村旅游、观光农业等各类产业的潜力。

近年来，为提升城乡供电服务均等化水平，满足广州北部山区的供电需求，广州供电局在从化区率先建成 50 个电气化村，莲麻村就位列其中。结合莲麻村资源禀赋、酒业发展布局和能源消费特点，广州供电局积极投入建设，目前累计在莲麻村新建、更换大变压器 9 台，合计增容 3390 千伏安，新增中压架空线路 946 米、中压电缆 1996 米、低压线路 7800 米。“改造后的莲麻村供电能力提升至原来的 10 倍，有效解决了长期困扰山区居民电压低、电压不稳等问题。”广州从化吕田供电所所长马永龙补充道。

从“人动牛不动”到“牛动人不动”

走进越秀风行奶牛养殖场，一排排奶牛在高速运转的风机下休憩，距牛舍约 20 米处有一个巨大的转盘，经过训练的奶牛会自行走上转盘，由转盘带着奶牛挤奶，全程几乎无需人工干预。“以前挤奶是人动牛不动，工作人员在中间坑道来回走动为牛挤奶，现在是牛动人不动，工作人员只需站在一个固定位置就好了，不但提高了效率，也减少了人力需求。”广州华美牛奶有限公司办公室主任陈一流介绍，现在只需 12 分钟就能挤完一转盘的奶，而且每个班次还可以减少一个人。

通过全电改造，越秀风行奶牛养殖场取代了传统的人工喂养、人工清洁等工序，实现了牛奶挤取、输送、消毒以及挤奶棚、温度控制、清洁等一系列工作全电生产、自动化控制。“采用电能驱动后，不论是饲料制作加工，还是牛舍温控、奶牛挤奶，都实现了自动化和标准化，极大地提升了生产效率和品质，并且更加环保节能。”陈一流说。

养殖场所在的越秀风行国家级田园综合体，是广东省唯一的国家全域土地综合整治和田园综合体双“国字号”试点。项目位于从化区鳌头镇，体量庞大，规划总面积约 21 平方公里，涉及龙潭、横江、乌石三个行政村。依托两个“国字号”试点的优势，越秀风行国家级田园综合体以“百年村落”“千头奶牛”“万亩良田”为独特 IP，规划“农文旅学”四大产业引擎，将打造为大湾区休闲度假目的地。全面运营后，预计每年可吸引 300 万人次游客。

在越秀风行国家级田园综合体入口旁，就是刚投运不久的超级快充综合能源站，它是广东省首个乡村超级快充综合能源站。该充电站毗邻高速出口，配置充电车位 14 个，包含光伏车棚、储能系统、全液冷超充堆、V2G 充放电桩，充满一辆电动汽车只需 10 分钟。广州从化供电局营销部副经理方兵华介绍说：“这个充电站全年可利用太

广东乡村超级快速综合能源站坐落于田园综合体停车场内，外观设计融入美丽乡村。

阳能发电近 5.4 万千瓦时，产生直接经济效益 105.49 万元，减少二氧化碳排放 51.8 吨，节约标煤 19.9 吨。”

据广州供电局有关负责人介绍，近年来，广州供电局以“头号工程”力度融入和服务“百县千镇万村高质量发展工程”，在从化、增城等七个涉农区大力实施乡村电网巩固提升工程，目前已累计投资超 20 亿元，增加供电能力超 70 万千瓦，为实现共同富裕提供了坚强的电力支撑。

后记

《“百千万工程”广东实践》丛书第二卷（县域卷）终于正式出版了。

广东“百千万工程”全称为“百县千镇万村高质量发展工程”。“百千万工程”是本届中共广东省委的重头戏。2023年2月13日，2023年中央一号文件公布的当天，广东省举行“百县千镇万村高质量发展工程”促进城乡区域协调发展动员大会。2023年6月，中共广东省委十三届三次全会召开，“百千万工程”被列为“1310”具体部署的奋力实现十大新突破之一。

广东部署实施“百千万工程”，是进一步拓展发展空间、畅通经济循环的战略举措，是惠民富民、满足人民对美好生活新期待的内在要求，是整体提升新型工业化、信息化、城镇化、农业现代化水平的迫切需要，对推动广东在全面建设社会主义现代化国家新征程中走在全国前列、创造新的辉煌具有重要意义。

为更好地宣传报道好广东“百千万工程”，中国县镇经济交流促进会粤港澳大湾区专业委员会和新型智库新时期县域建设研究中心对广东“百千万工程”的进展、范例、经验进行阶段式总结与提炼，以丛书形式结集出版。

《“百千万工程”广东实践》丛书的顺利出版，首先感谢广东省“百千万工程”指挥部办公室的大力支持。尤其感谢广东省人大常委会原副主任、著名“三农”问题专家邓维龙和北京大学教授、北京大学乡村振兴研究专家雷明，在百忙之中为丛书作序。

《“百千万工程”广东实践》丛书的具体采编工作由中国县镇经济交流促进会粤港澳大湾区专业委员会和新时期县域建设研究中心承担。两家单位的全体员工在丛书采编出版过程中作出了突出的贡献，他们是：谭海清、程道灵、余弘阳、张玉荣、黄运明、陈龙、高超、王际娣、方怡晖、宋艳华、沈敏明、高伟权、王莉华、黄国平、区建红、陈燕、齐会玲、陈海源、邓远前、骆衍良等。值此新书出版之际，向他们表示衷心感谢。

《“百千万工程”广东实践》丛书的顺利出版，还要感谢中国县镇经济交流促进会的领导与专家的关心指导！感谢广东人民出版社的领导和编辑的辛勤工作！

《“百千万工程”广东实践》丛书在采写和出版过程中，得到了社会各界方方面面的关心、支持和帮助，在此一并表示衷心感谢！

谭海清

2024 年 12 月